Dr. Oetker

Backideen zur Weihnachtszeit

Dr. Oetker

Backideen zur Weihnachtszeit

Köstlichkeiten für den

Weihnachtsteller Vorwort

Die Hauptbackzeit des Jahres ist unbestritten in der Vorweihnachtszeit. Schon im November werden Stollen, Plätzchen und Honigkuchen für den ersten Advent gebacken. Je näher die Festtage rücken, umso größer werden die Backaktivitäten – es setzt ein regelrechtes Backfieber ein. Der Duft nach Zimt, Nelken und Kardamom und Honig durchzieht das Haus und versetzt die ganze Familie in eine erwartungsvolle vorweihnachtliche Stimmung.

Inhaltsübersicht

MEHL

Würzig und saftig
Stollen un

d Honigkuchen

DUKATEN-WÜRFEL

(Foto Seite 8/9)

Für den Rührteig:
250 g weiche Butter oder Margarine
150 g Zucker
1 Pck. Vanillin-Zucker
Salz, 4 Eier
175 g Weizenmehl
1 gestr. TL Backpulver
100 g Raspelschokolade
200 g abgezogene, gemahlene Mandeln

Für den Guß:
100 g Vollmilch-Kuvertüre
1 TL Kokosfett

Zum Garnieren:
Schokoladentaler in Folie
Schokoladenstreusel

Für den Teig die Butter oder Margarine geschmeidig rühren. Zucker, Vanillin-Zucker, Salz und Eier nach und nach unterrühren. Das Mehl und Backpulver mischen, sieben, unterrühren. Die Raspelschokolade und Mandeln unterheben. Den Teig auf ein gefettetes Backblech streichen, in den Backofen schieben.
Ober-/ Unterhitze:
180–200 °C (vorgeheizt)
Heißluft:
160–180 °C (nicht vorgeheizt)
Gas: Stufe 3–4 (vorgeheizt)
Backzeit: etwa 20 Minuten.
Für den Guß Kuvertüre und Kokosfett in einem kleinen Topf im Wasserbad bei schwacher Hitze auflösen. Das erkaltete Gebäck damit bestreichen. Das Gebäck sofort in kleine Quadrate (4 x 4 cm) schneiden, mit den Schokoladentalern belegen, die Ränder nach Belieben mit Schokostreuseln verzieren.

APRIKOSEN-ZOPF

(ohne Foto)

Für den Hefeteig:
500 g Weizenmehl
1 Pck. Trockenhefe
100 g Zucker
200 ml lauwarme Milch
1 Ei
Mark von 1/2 Vanilleschote
abgeriebene Schale von 1/2 Zitrone (unbehandelt)
Salz
150 g zerlassene Butter
150 g getrocknete, grobgehackte Aprikosen
75 g abgezogene, gehackte Mandeln
50 g gewürfeltes Zitronat (Sukkade)
25 g gewürfeltes Orangeat
2 EL Arrak

Zum Bestreichen:
75 g weiche Butter

Zum Bestäuben:
75 g Puderzucker

Für den Teig das Mehl in eine Schüssel sieben, mit der Hefe gut vermischen. Zucker, Milch, Ei, Vanillemark, Zitronenschale, Salz und Butter hinzufügen. Die Zutaten mit dem Handrührgerät mit Knethaken zunächst auf niedrigster, dann auf höchster Stufe in etwa 5 Minuten zu einem Teig verarbeiten. Die mit Mandeln, Zitronat und Orangeat gemischten Aprikosen mit Arrak beträufeln, gut durchziehen lassen. Den Teig zugedeckt so lange an einem warmen Ort stehen lassen, bis er sich sichtbar vergrößert hat. Die beträufelten Früchte und Mandeln unter den Teig kneten, ihn in 3 gleiche Stücke teilen. Von jedem Teigstück eine 35–40 cm lange Rolle formen. Die 3 Rollen zu einem Zopf flechten. Die Enden des Teigzopfes gut zusammendrücken, damit sie beim Backen nicht aufgehen. Den Zopf auf ein gefettets Backblech legen, nochmals an einem warmen Ort so lange stellen lassen, bis er sich sichtbar vergrößert hat. Das Blech in den Backofen schieben.
Ober-/Unterhitze:
180–200 °C (vorgeheizt)
Heißluft:
160–180 °C (nicht vorgeheizt)
Gas: Stufe 3–4 (vorgeheizt)
Backzeit: etwa 60 Minuten.
Nach dem Backen den noch heißen Zopf mit Butter bestreichen, mit Puderzucker bestäuben.

HONIGKRANZ

Für den Teig:
250 g Honig
1 Pck. Vanillin-Zucker
150 g Butter oder Margarine
2 Eier
3 EL Aprikosen-Konfitüre
2 gestr. TL gemahlener Zimt
je 1 Msp. gemahlene Nelken
gemahlener Kardamom
2 Tropfen Bittermandel-Aroma
1 Fläschchen Rum-Aroma
375 g Weizenmehl
2 gestr. EL Kakao
4 gestr. TL Backpulver
100 g abgezogene, gehackte Mandeln
125 g verlesene Korinthen

Für den Guß:
150 g Puderzucker
2–3 EL Rum

Zum Garnieren:
Mandeln und Korinthen

Für den Teig den Honig mit Vanillin-Zucker, Butter oder Margarine langsam erwärmen, zerlassen, kalt stellen. Unter die fast erkaltete Masse nach und nach mit dem Handrührgerät mit Rührbesen auf höchster Stufe Eier, Aprikosen-Konfitüre, Zimt, Nelken, Kardamom, Aromen unterrühren. Das Mehl mit Kakao und Backpulver mischen, sieben, portionsweise auf mittlerer Stufe unterrühren. Die Mandeln und Korinthen zuletzt unterrühren.
Den Teig in eine gefettete Kranzform (Ø 24 cm) füllen, auf dem Rost in den Backofen schieben.
Ober-/Unterhitze:
180–200 °C (vorgeheizt)
Heißluft:
160–180 °C (nicht vorgeheizt)
Gas: Stufe 3–4 (nicht vorgeheizt)
Backzeit: etwa 40 Minuten.
Für den Guß den Puderzucker sieben und mit dem Rum dickflüssig verrühren. Das etwas abgekühlte Gebäck damit überziehen, mit Mandeln und Korinthen garnieren.

GEWÜRZ-KUCHEN

Für den Rührteig:
175 g weiche Butter
225 g Zucker
1 Pck. Vanillin-Zucker
4 Eier
Salz
1/2 gestr. TL gemahlene Nelken
1 Msp. geriebene Muskatnuß
1 gestr. TL gemahlener Zimt
300 g Weizenmehl
1 Pck. Schokoladen-Pudding-Pulver
4 gestr. TL Backpulver
100 g Schokolade
1–2 EL Milch

Für den Guß:
100 g gesiebter Puderucker
etwa 4 EL Rum

Zum Garnieren:
Korinthen
Rosinen
Mandeln

Die Butter mit dem Handrührgerät mit Rührbesen auf höchster Stufe geschmeidig rühren, nach und nach den Zucker und Vanillin-Zucker unterrühren, so lange rühren, bis eine gebundene Masse entstanden ist. Die Eier nach und nach unterrühren, Salz, Nelken, Muskatnuß und Zimt hinzufügen. Das Mehl, Pudding-Pulver und Backpulver mischen, sieben, portionsweise auf mittlerer Stufe unterrühren. Die Schokolade reiben, zuletzt unter den Teig heben. Der Teig muß ziemlich fest sein, falls erforderlich, noch Milch unterrühren.

Den Teig in eine gefettete Kastenform (30 x 11 cm) füllen, auf dem Rost in den Backofen schieben.

Ober-/Unterhitze: 180–200 °C (vorgeheizt)
Heißluft: 160–180 °C (nicht vorgeheizt)
Gas: Stufe 2 1/2–3 1/2 (vorgeheizt)
Backzeit: 50–60 Minuten.

Für den Guß den Puderzucker mit Rum zu einer dickflüssigen Masse verrühren, den etwas abgekühlten Kuchen damit bestreichen, mit Korinthen, Rosinen und Mandeln garnieren.

FRÜCHTEBROT

Für die Früchte:
100 g Trockenpflaumen ohne Stein
100 g getrocknete Aprikosen
100 g getrocknete Feigen
50 g rote Belegkirschen
200 ml frisch gepreßter Orangensaft

Für den Quark-Öl-Teig:
250 g Weizenmehl
1 Pck. Backpulver
125 g Speisequark
5 EL Milch
5 EL Speiseöl
50 g Zucker
Salz
1 Pck. Vanillin-Zucker

Zum Bestreuen:
20 g Pinienkerne

Die Früchte kleinschneiden, in eine Schüssel geben, mit Orangensaft übergießen, etwa 2 1/2 Stunden stehen lassen, ab und zu durchrühren. Für den Teig das Mehl mit dem Backpulver mischen, in eine Rührschüssel sieben. Den Quark, Milch, Speiseöl, Zucker, Salz und Vanillin-Zucker hinzufügen. Die Zutaten mit dem Handrührgerät mit Knethaken auf höchster Stufe etwa 1 Minute verarbeiten (nicht zu lange, der Teig klebt sonst). Anschließend die abgetropften Früchte dazugeben, mit dem Handrührgerät mit Knethaken auf niedrigster Stufe unterkneten. Den Teig dann in eine gefettete Kastenform (30 x 11 cm) füllen und mit den Pinienkernen bestreuen. Die Form auf dem Rost in den Backofen schieben.

Ober-/Unterhitze:
etwa 180 °C (vorgeheizt)
Heißluft:
etwa 160 °C (nicht vorgeheizt)
Gas: etwa Stufe 3 (vorgeheizt)
Backzeit: etwa 60 Minuten.
Beigabe: Butter.

ENGLISCHER WEIHNACHTS-KUCHEN

Für den Rührteig
250 g weiche Butter oder Margarine
250 g Farin-Zucker
1 Pck. Bourbon Vanille-Zucker
1 Beutel Jamaica-Rum-Aroma
1/2 Fläschchen Zitronen-Aroma
3 EL Rum
abgeriebene Schale von 1 Zitrone (unbehandelt)
1/2 TL gemahlener Zimt
1 Msp. geriebene Muskatnuß
5 Eier
250 g Weizenmehl
1 gestr. TL Backpulver
300 g verlesene Rosinen
300 g verlesene Korinthen
100 g feingehacktes Zitronat (Sukkade)
100 g feingehacktes Orangeat
50 g abgezogene, gehackte Mandeln
150 g rote, in Stücke geschnittene Belegkirschen

Zum Aprikotieren:
4 EL Aprikosen-Konfitüre

Für die Marzipandecke und den Marzipanrand:
200 g Marzipan-Rohmasse
100 g gesiebter Puderzucker

Für den Guß:
300 g gesiebter Puderzucker
1–2 Eiweiß

Zum Garnieren:
kandierte Früchte
Orangeat
Zitronat

Für den Teig die Butter oder Margarine mit dem Handrührgerät mit Rührbesen auf höchster Stufe geschmeidig rühren, nach und nach Farin-Zucker, Vanille-Zucker, Aromen, Rum, Zitronenschale, Zimt und Muskatnuß unterrühren. So lange rühren, bis eine gebundene Masse entstanden ist. Die Eier nach und nach unterrühren (jedes Ei etwa 1/2 Minute). Das Mehl mit dem Backpulver mischen, sieben, portionsweise auf mittlerer Stufe unterrühren, zuletzt die Rosinen, Korinthen, Zitronat, Orangeat, Mandeln und Belegkirschen unterrühren. Den Teig in eine gefettete Springform (Ø 24 cm) füllen.
Ober-/Unterhitze:
150–160 °C (vorgeheizt)
Heißluft:
etwa 130 °C (nicht vorgeheizt)
Gas: Stufe 2–3 (nicht vorgeheizt)
Backzeit: etwa 2 3/4 Stunden.
Das Gebäck aus der Form lösen. Zum Aprikotieren die Aprikosen-Konfitüre durch ein Sieb streichen, das Gebäck sofort nach dem Backen damit bestreichen, erkalten lassen. Für die Marzipandecke und den Marzipanrand die Marzipan-Rohmasse mit Puderzucker verkneten, dünn ausrollen eine Platte (Ø 24 cm) daraus schneiden, auf das Gebäck legen. Aus dem Marzipanrest einen Streifen in Höhe des Gebäckrandes schneiden, um das Gebäck legen. Für den Guß den Puderzucker mit so viel Eiweiß verrühren, daß eine dickflüssige Masse ensteht. Das Gebäck damit überziehen, nach Belieben mit Puderzuckerguß verzieren, und mit kandierten Früchten und Zitronat garnieren.

TIP

In Spezialgeschäften werden Zitronat (Sukkade) und Orangeat in größeren Stücken angeboten. Diese Fruchtstücke sind besonders wohlschmeckend. Sie eignen sich hervorragend zum Garnieren, da größere Fruchtmotive ausgeschnitten werden können.

CHRIST-STOLLEN

Für den Hefeteig:
1/2 Würfel frische Hefe
1 TL Zucker
200 ml (1/5 l) lauwarme Milch
180 g Butter oder Margarine
500 g Weizenmehl
50 g Zucker
1/2 TL Salz
1 Pck. Christstollengewürz
50 g gehackte Mandeln
50 g Zitronat (Sukkade)
50 g Orangeat
100 g Korinthen
1/2 TL abgeriebene Schale von 1 Zitrone (unbehandelt)

Zum Bestreichen und Bestäuben:
80 g Butter
2 EL Puderzucker

Für den Teig die Hefe zerbröckeln, mit Zucker und Milch in einer kleinen Schüssel anrühren und zugedeckt etwa 10 Minuten gehen lassen. Die Butter oder Margarine zerlassen und mit Mehl, Zucker, Salz und Christstollengewürz in eine Rührschüssel geben. Die aufgegangene Hefe zufügen und alles mit dem Handrührgerät mit Knethaken zu einem glatten Teig kneten. Zugedeckt an einem warmen Ort etwa 1 Stunde gehen lassen.

Die Mandeln, Zitronat, Orangeat, Rosinen, Korinthen und Zitronenschale unterkneten. Aus dem Teig einen Stollen formen und auf ein mit Backpapier belegtes Backblech legen. Den Stollen nochmals an einem warmen Ort gehen lassen. Das Backblech in den Backofen schieben.

Ober-/Unterhitze:
etwa 180 °C (vorgeheizt)
Heißluft:
etwa 160 °C (nicht vorgeheizt)
Gas: etwa Stufe 3 (vorgeheizt)
Backzeit: etwa 60 Minuten.

Zum Bestreichen die Butter zerlassen und den warmen Stollen damit einpinseln. Den Stollen abkühlen lassen, leicht mit Puderzucker bestäuben.

TIP *Formen eines Stollens:*
Dafür den Teig zu einer Rolle formen, etwas flach drücken. Die äußere Längsseite mit dem Teigroller nach außen hin etwas flach rollen. Nun die dickere innere Längsseite so über die flachere legen, daß ein Rand von 2–3 cm frei bleibt. Den geformten Stollen auf das mit Backpapier ausgelegte Backblech legen.

LIEGNITZER BOMBEN

(24 Stück)

Falls keine Backringe vorhanden sind, lassen sich Backförmchen für Liegnitzer Bomben auf einfache Weise herstellen: Alufolie so legen, daß 12 mal ein 15 cm langes Stück Folie aufeinanderliegt, auf das oberste Stück Folie 2 Kreise von jeweils 15 cm Durchmesser nebeneinander aufzeichnen, so ausschneiden, daß

24 runde Folienblätter entstehen. Diese Folienblätter einzeln mit der blanken Seite auf den Boden eines umgedrehten Bechers (z.B. Joghurtbecher) legen. Die überstehende Folie fest andrücken, so daß Förmchen mit einem gleichmäßig hohen Rand entstehen, Förmchen auf ein Backblech stellen.

Für den Teig:
200 g Honig oder Sirup
125 g Zucker
Salz
65 g Margarine oder Butter
2 EL Milch
2 Eier
1/4 Fläschchen Zitronen-Aroma
etwas gemahlener Kardamom
1/2 gestr. TL gemahlene Nelken
1 schwach geh. TL gemahlener Zimt
250 g Weizenmehl
25 g Kakaopulver
3 gestr. TL Backpulver
65 g Korinthen
65 g abgezogene, gehackte Mandeln
65 g gewürfeltes Zitronat (Sukkade)

Zum Aprikotieren:
175 g Aprikosen-Konfitüre
2 EL Wasser

Für den Guß:
etwa 200 g Kuvertüre

Für den Teig den Honig oder Sirup mit Zucker, Salz, Margarine oder Butter und Milch langsam erwärmen, zerlassen, in eine Rührschüssel geben, kalt stellen. Unter die fast erkaltete Masse mit dem Handrührgerät mit Rührbesen auf höchster Stufe Eier, Zitronen-Aroma, Kardamom, Nelken und Zimt rühren.
Das Mehl mit Kakaopulver und Backpulver mischen, sieben, portionsweise auf mittlerer Stufe unterrühren. Die Korinthen, Mandeln und Zitronat auf mittlerer Stufe unter den Teig rühren, ihn auf die Folienförmchen verteilen.
Ober-/Unterhitze:
180–200 °C (vorgeheizt)
Heißluft:
160–180 °C (nicht vorgeheizt)
Gas: Stufe 3–4 (vorgeheizt)
Backzeit: 10–15 Minuten.
Sofort nach dem Backen das Gebäck aus den Förmchen lösen, erkalten lassen.
Die Aprikosen-Konfitüre durch ein Sieb streichen, mit Wasser unter Rühren aufkochen. Das erkaltete Gebäck dünn damit bestreichen.
Für den Guß die Kuvertüre in kleine Stücke schneiden, in einem kleinen Topf im Wasserbad bei schwacher Hitze zu einer geschmeidigen Masse verrühren, die Liegnitzer damit überziehen.

QUARKSTOLLEN

Für den Teig:
500 g Rosinen
100 ml Rum
500 g Weizenmehl
1 Pck. Backpulver
150 g Zucker
1 Pck. Vanillin-Zucker
Salz
4 Tropfen Bittermandel-Aroma
je 1 Msp. gemahlene Nelken, gemahlener Kardamom, gemahlener Ingwer, gemahlene Muskatnuß, gemahlener Zimt
etwas abgeriebene gelbe Orangenschale (unbehandelt)
2 Eier
175 g weiche Butter
250 g Speisequark
250 g abgezogene, gemahlene Mandeln
150 g gewürfeltes Zitronat (Sukkade)
100 g gewürfeltes Orangeat

Zum Bestreichen und Bestreuen:
100 g zerlassene Butter
50 g Puderzucker

Für den Teig die Rosinen verlesen, mit Rum beträufeln, mehrere Stunden (am besten über Nacht) stehen lassen. Das Mehl mit Backpulver mischen, in eine Rührschüssel sieben. Den Zucker, Vanillin-Zucker, Salz, Aroma, Nelken, Kardamom, Ingwer, Muskatnuß, Zimt, Orangenschale, Eier, Butter und Speisequark hinzufügen. Die Zutaten mit dem Handrührgerät mit Knethaken zunächst kurz auf niedrigster, dann auf höchster Stufe durcharbeiten, anschließend auf der Arbeitsfläche Mandeln, Zitronat, Orangeat und die Rosinen unterkneten, alles zu einem glatten Teig verkneten.
Den Teig zu einem Stollen formen, auf ein mit Backpapier belegtes Backblech legen, in den Backofen schieben.

Ober-/Unterhitze: vorheizen 250 °C, backen 160–180 °C
Heißluft: vorheizen 230 °C, backen 160 °C
Gas: Stufe 2–3 (vorgeheizt)
Backzeit: etwa 70 Minuten.
Den Stollen sofort nach dem Backen mit Butter bestreichen, mit Puderzucker bestäuben.

TIP *Besonders mürbe wird der Stollen, wenn 50 g der Butter durch feingehacktes Rinderfett ersetzt wird. Damit sich alle Gewürze im Stollen gut miteinander verbinden, sollte er mindestens 10 Tage ruhen, bevor er angeschnitten wird.*

BUNTES FRÜCHTEBROT VOM BLECH

Für den Quark-Öl-Teig:
300 g Weizenmehl
1 Pck. Backpulver
150 g Magerquark
6 EL Milch
6 EL Speiseöl
75 g Zucker
1 Pck. Vanillin-Zucker
Salz
100 g Walnußkerne
1 Tüte (200 g) Backobst

Zum Bestreichen:
1 Eigelb, 1 EL Milch

Für den Teig das Mehl mit dem Backpulver mischen, in eine Rührschüssel sieben. Quark, Milch, Öl, Zucker, Vanillin-Zucker und Salz hinzufügen. Die Zutaten mit dem Handrührgerät mit Knethaken auf höchster Stufe in 1 Minute zu einem Teig verarbeiten (nicht zu lange, der Teig klebt sonst). Die Walnußkerne grob hacken, das Backobst grob würfeln. Beide Zutaten unter den Teig kneten. Einen runden Laib formen, auf ein mit Backpapier belegtes Backblech legen, mit verrührter Eigelbmilch bestreichen, in den Backofen schieben.
Ober-/Unterhitze:
180–200 °C (vorgeheizt)
Heißluft:
160–180 °C (nicht vorgeheizt)
Gas: Stufe 3–4 (vorgeheizt)
Backzeit: etwa 35 Minuten.
Früchtebrot auf einem Kuchenrost erkalten lassen.

KLETZENBROT (FRÜCHTEBROT)

500 g getrocknete Birnen (Kletzen)
1 l Wasser
500 g Backpflaumen
500 g getrocknete Feigen
100 g unabgezogene Mandeln
100 g Haselnußkerne
100 g Walnußkerne
100 g gewürfeltes Orangeat
100 g gewürfeltes Zitronat (Sukkade)
500 g Sultaninen
375 g Korinthen
250 ml (1/4 l) Obstler

Für den Teig:
750 g Weizenmehl
2 Pck. Tockenhefe
50 g Zucker
1 gestr. TL Salz
abgeriebene Schale von 1 Zitrone (unbehandelt)
2 TL gemahlener Zimt
2 TL gemahlener Koriander
1 TL gemahlene Nelken
1 gestr. TL gemahlene Muskatblüte
1 TL Anissamen
425 ml lauwarme Einweichflüssigkeit der Birnen
kaltes Wasser

Die Birnen über Nacht in Wasser einweichen, abtropfen lassen, die Einweichflüssigkeit auffangen, 425 ml davon abmessen, evtl. mit Wasser auffüllen, beiseite stellen. Die Birnen mit Backpflaumen, Feigen, Mandeln, Haselnußkernen, Walnußkernen in kleine Stücke schneiden. Das Orangeat, Zitronat, Sultaninen und Korinthen hinzufügen. Den Obstler darüber gießen, mit Alufolie bedeckt über Nacht ziehen lassen.
Für den Teig das Mehl in eine Schüssel sieben, mit der Hefe sorgfältig vermischen. Den Zucker mit Salz, Zitronenschale, Zimt, Koriander, Nelken, Muskatblüte, Anissamen und Einweichflüssigkeit der Birnen hinzufügen. Alles mit dem Handrührgerät mit Knethaken auf der höchsten Stufe in etwa 5 Minuten zu einem Teig verarbeiten, sollte er kleben, noch etwas Mehl hinzufügen. Den Teig an einem warmen Ort so lange stehen lassen, bis er etwa doppelt so hoch ist, ihn dann auf der höchsten Stufe nochmals durchkneten, mit den Früchten verkneten (dabei die Früchte leicht mit Mehl bestäuben).
Den Teig in 4–6 Stücke schneiden. Jedes Stück zu einem etwa 10 cm breiten Brot formen. Die Brote auf gefettete Backbleche legen, nochmals an einem warmen Ort stehen

lassen, bis sie etwa doppelt so hoch sind, mit kaltem Wasser bestreichen, in den Backofen schieben.
Die Früchtebrote während des Backens ab und zu mit kaltem Wasser bestreichen.
Ober-/Unterhitze:
180–200 °C (vorgeheizt)
Heißluft:
160–180 °C (nicht vorgeheizt)
Gas: Stufe 3–4 (vorgeheizt)
Backzeit: 1–1 1/4 Stunden.

TIP *Die gut ausgekühlten Früchtebrote in Cellophanpapier, Frischhaltefolie oder Alufolie verpacken, mindestens 8–10 Tage kühl (Keller) lagern, bevor sie angeschnitten werden.*

HUTZELBROT

250 g getrocknete Birnen
250 g entsteinte, getrocknete Pflaumen
175 g getrocknete Feigen
500 ml (1/2 l) Wasser

Für den Teig:
250 g Weizenmehl
1 Pck. Backpulver
50 g Zucker
1 Pck. Vanillin-Zucker
3 Tropfen Zitronen-Aroma
je 1 Msp. gemahlener Ingwer und gemahlene Nelken
2 Msp. gemahlener Zimt
1 EL Kirschwasser
2 EL erkaltetes Trockenobstkochwasser
75 g grobgehackte Haselnußkerne
75 g gewürfeltes Zitronat (Sukkade)
100 g verlesene Rosinen

Zum Bestreichen:
1 gestr. TL Kartoffelmehl
3 EL kaltes Wasser

Die Birnen, Pflaumen und Feigen mit dem Wasser übergießen, über Nacht zum Quellen stehen lassen. Gequollenes Obst zum Kochen bringen, 2 Minuten kochen lassen, auf ein Sieb geben, erkalten lassen, in kleine Stücke schneiden. Für den Teig das Mehl mit Backpulver mischen, in eine Rührschüssel sieben. Den Zucker, Vanillin-Zucker, Aroma, Ingwer, Nelken, Zimt, Kirschwasser und Trockenobstkochwasser hinzufügen. Die Zutaten mit dem Handrührgerät mit Knethaken zunächst kurz auf niedrigster, dann auf höchster Stufe zu einem dicken Brei verarbeiten, auf die leicht mit Mehl bestäubte Arbeitsfläche geben, darauf das kleingeschnittene Obst, Haselnußkerne, Zitronat und Rosinen geben, zu einem zusammenhängenden Teig verkneten. Sollte er kleben, noch etwas Mehl hinzufügen. Den Teig zu einem länglichen Laib formen, auf ein mit Backpapier belegtes Backblech legen.
Zum Bestreichen das Kartoffelmehl mit Wasser anrühren, unter Rühren kurz aufkochen lassen, den Teig damit bestreichen. Das Backblech in den Backofen schieben.
Ober-/Unterhitze:
etwa 170 °C (vorgeheizt)
Heißluft:
etwa 150 °C (nicht vorgeheizt)
Gas: etwa Stufe 3 (vorgeheizt)
Backzeit: 50–60 Minuten.

HEFESTOLLEN MIT MANDEL-FÜLLUNG

Für den Hefeteig:
500 g Weizenvollkornmehl
1 Pck. Trockenhefe
100 g flüssiger Honig
Salz
1 Ei
80 g zerlassene Butter
2 EL Speiseöl
250 ml (1/4 l) lauwarme Milch
abgeriebene Schale von 1 Zitrone (unbehandelt)

Für die Füllung:
150 g abgezogene, gemahlene Mandeln
6 Stück abgezogene, gemahlene bittere Mandeln
3 EL flüssiger Honig
1 TL Zitronensaft
1 EL Schlagsahne

Zum Bestreichen:
100 g Butter

Für den Hefeteig das Mehl in eine Rührschüssel geben, mit der Hefe sorgfältig mischen.
Den Honig, Salz, Ei, Butter, Öl, Milch und Zitronenschale hinzufügen. Die Zutaten mit dem Handrührgerät mit Knethaken zunächst auf niedrigster, dann auf höchster Stufe in etwa 5 Minuten zu einem Teig verarbeiten. Sollte er kleben, noch etwas Mehl hinzufügen (aber nicht zuviel, der Teig muß weich bleiben). Den Teig so lange an einem warmen Ort stehen lassen, bis er sich sichtbar vergrößert hat, ihn dann auf höchster Stufe noch einmal durchkneten, den Teig zu einem Rechteck (etwa 35 x 45 cm) ausrollen.
Für die Füllung die Mandeln, Honig, Zitronensaft und Sahne verrühren, so daß eine geschmeidige Masse entsteht. Die Mandelmasse auf das Teigrechteck streichen, den Teig von der längeren Seite her aufrollen, längs einmal durchschneiden, beide Stränge umeinanderschlingen, auf ein mit Backpapier belegtes Backblech legen. Nochmals an einem warmen Ort stehen lassen, bis er sich vergrößert hat, dann das Blech in den Backofen schieben.
Ober-/Unterhitze:
180–200 °C (vorgeheizt)
Heißluft:
160–180 °C (nicht vorgeheizt)
Gas: Stufe 3–4 (vorgeheizt)
Backzeit: 30–40 Minuten.
Den Stollen sofort nach dem Backen mit zerlassener Butter bestreichen.

HONIGKUCHEN AUF DEM BLECH

Für den Teig:
375 g Honig
375 g Zucker
1 Pck. Vanillin-Zucker
100 g Butter
2 TL Neunerlei Gewürz
1 TL gemahlener Zimt
100 g gewürfeltes Zitronat (Sukkade)
100 g abgezogene, gehackte Mandeln
100 g gemahlene Haselnußkerne
2 Eier
375 g durchgepreßte Pellkartoffeln (vom Vortag)
375 g Weizenmehl
10 g Kakao
3 gestr. TL Backpulver

Für den Guß:
250 g Puderzucker
15 g Kakao
3–4 EL heißes Wasser

Für den Teig den Honig mit Zucker, Vanillin-Zucker und Butter langsam erwärmen, zerlassen, in eine Rührschüssel geben, kalt stellen. Unter die fast erkaltete Masse mit dem Handrührgerät mit Rührbesen die Gewürze, Zitronat, Mandeln, Haselnußkerne und Eier rühren. Die Kartoffeln unterrühren. Das mit Kakao und Backpulver gemischte und gesiebte Mehl eßlöffelweise auf mittlerer Stufe unterrühren. Den Teig auf ein gefettetes Backblech streichen. Vor den Teig einen mehrfach geknickten Streifen Alufolie legen.

Ober-/Unterhitze: etwa 180 °C (vorgeheizt)
Heißluft: etwa 160 ° C (nicht vorgeheizt)
Gas: Stufe 3–4 (vorgeheizt)
Backzeit: 30–40 Minunten.

Den Honigkuchen erkalten lassen. Für den Guß den Puderzucker und Kakao mischen, sieben, mit dem Wasser zu einer dickflüssigen Masse verrühren, auf den Kuchen streichen, fest werden lassen. Den Honigkuchen in beliebig große Stücke schneiden.

TIP *Damit der Honigkuchen lange frisch und saftig bleibt, sollte er in gut schließenden Blechdosen aufbewahrt werden.*

HONIG-KUCHEN, GARNIERT

Für den Teig:
250 g Honig
125 g Butter oder Margarine
2 Eier
1 Pck. Lebkuchengewürz
abgeriebene Schale von 1 Zitrone (unbehandelt)
375 g Weizenmehl
1 Pck. Backpulver
2 TL Kakaopulver
100 g Korinthen
100 g gemahlene Haselnußkerne
etwas Milch
100 g abgezogene, gehobelte Mandeln

Zum Aprikotieren:
5 EL Aprikosen-Maracuja-Konfitüre

Für den Guß:
200 g Halbbitter-Schokolade
etwas Kokosfett

Zum Garnieren:
Mandelblättchen
ganze Mandeln
Walnußkerne
Schokoladenblätter
Schokoröllchen

Für den Teig den Honig, Butter oder Margarine in einem Topf unter Rühren langsam erwärmen, zerlassen, in eine Rührschüssel geben, kalt stellen. Unter die fast erkaltete Masse mit dem Handrührgerät mit Rührbesen auf höchster Stufe Eier, Lebkuchengewürz und Zitronenschale rühren. Das Mehl mit dem Backpulver und Kakaopulver mischen, portionsweise auf mittlerer Stufe unterrühren. Die Korinthen verlesen, mit den Haselnußkernen unterrühren, den Teig auf ein gut gefettetes Backblech streichen, mit etwas Milch bestreichen, mit Mandeln bestreuen, in den Backofen schieben.
Ober-/Unterhitze:
etwa 170 °C (vorgeheizt)
Heißluft:
etwa 150 °C (nicht vorgeheizt)
Gas: etwa Stufe 3 (vorgeheizt)
Backzeit: etwa 20 Minuten.
Zum Aprikotieren die Konfitüre durch ein Sieb streichen, den Kuchen sofort nach dem Backen damit bestreichen, erkalten lassen.
Für den Guß die Halbbitter-Schokolade in kleine Stücke brechen, mit etwas Kokosfett in einem kleinen Topf im Wasserbad bei schwacher Hitze geschmeidig rühren, auf den erkalteten Kuchen streichen, Stücke markieren und nach Belieben garnieren. Wenn der Guß fest geworden ist, den Kuchen in beliebig große Stücke schneiden, in einer gut schließenden Dose aufbewahren.

HANSEATISCHER SAFRANSTOLLEN

(ohne Foto)
Für den Teig:
300 g Weizenmehl
3 gestr. TL Backpulver
75 g Zucker, Salz
2 Döschen gemahlener Safran
1–1 1/2 EL Wasser
250 g Magerquark
75 g weiche Butter

Für die Füllung
1/2 Glas rote Johannisbeer-konfitüre
25 g abgezogene, gehobelte Mandeln

Für den Teig das Mehl mit dem Backpulver mischen und in eine Rührschüssel sieben. Zucker, Salz, in Wasser aufgelösten Safran, gut abgetropften Quark und die Butter hinzufügen. Die Zutaten mit dem Handrührgerät mit Knethaken zunächst kurz auf niedrigster, dann auf höchster Stufe gut durcharbeiten und anschließend auf der Arbeitsfläche zu einem glatten Teig verkneten. Sollte der Teig kleben, ihn eine Zeitlang kalt stellen. Den Teig auf der bemehlten Arbeitsfläche in der Größe von 25 x 25 cm ausrollen. Den Teig mit Konfitüre bestreichen und zu einer Rolle formen.
Eine Kastenform (30 x 11 cm) fetten und mit den Mandelblättchen ausstreuen. Die Teigrolle mit der Naht nach unten in die Form legen. Die Oberfläche des Stollens 3 cm tief und 10 cm lang einschneiden. Die Form auf dem Rost in den Backofen schieben.
Ober-/Unterhitze:
180–200 °C (vorgeheizt)
Heißluft:
160–180 °C (nicht vorgeheizt)
Gas: Stufe 3–4 (nicht vorgeheizt)
Backzeit: 50–60 Minuten.

Kesses für den bunten

Teller Plätzchen

NASCH-KRÄNZCHEN UND BREZELN

(Foto Seite 26/27)

Für den Knetteig:
300 g Weizenmehl
1 Msp. Backpulver
100 g Zucker
1 Pck. Vanillin-Zucker
Salz
1 Beutel Rum-Aroma
1 Ei
150 g Butter oder Margarine

Zum Bestreichen:
3 EL Milch

Zum Garnieren:
Hagelzucker
Plätzchenschmuck-Blümchen
Belegkirschen

Alle Zutaten für den Teig in einer Schüssel mit dem Handrührgerät mit Knethaken schnell zu einem glatten Teig verkneten. Den Teig eine Zeitlang kalt stellen.
Aus dem Teig bleistiftdicke Rollen formen, dann Brezeln formen. Oder jeweils 2 Rollen umeinander drehen, zu Kränzchen formen, auf ein mit Backpapier belegtes Backblech legen. Mit Milch bepinseln, mit Hagelzucker, Blümchen und Belegkirschen garnieren. Das Backblech in den Backofen schieben.
Ober-/Unterhitze:
180–200 °C (vorgeheizt)
Heißluft:
160–180 °C (nicht vorgeheizt)
Gas: Stufe 3–4 (vorgeheizt)
Backzeit: 12–15 Minuten.
Erkaltete Plätzchen an bunten Bändern aufhängen.

TIP ***Wenn ein Brezelausstecher vorhanden ist, etwa die Hälfte des Teiges knapp 1/2 cm dick ausrollen, Brezeln ausstechen.***

BUNTE MANDEL-KRÄNZCHEN

Für den Rührteig:
200 g weiche Butter oder Margarine
100 g gesiebter Puderzucker
1 Pck. Vanillin-Zucker
1 Beutel Rum-Aroma
1 Msp. gemahlener Ingwer
1 Ei
200 g Weizenmehl
1 Msp. Backpulver
125 g abgezogene, gemahlene, leicht geröstete Mandeln

Zum Bestreichen:
100 g weiße Kuvertüre
etwas Kokosfett

Zum Garnieren:
Liebesperlen
aufgelöste dunkle Kuvertüre

Für den Teig die Butter oder Margarine mit dem Handrührgerät mit Rührbesen auf höchster Stufe geschmeidig rühren. Nach und nach Puderzucker, Vanillin-Zucker, Rum-Aroma und Ingwer unterrühren, so lange rühren, bis eine gebundene Masse entstanden ist, das Ei unterrühren. Das Mehl mit dem Backpulver mischen, sieben, portionsweise auf mittlerer Stufe unterrühren, zuletzt die Mandeln unterrühren. Den Teig in kleinen Portionen in einen Spritzbeutel mit gezackter Tülle füllen, in Form von Kränzchen (Ø 5 cm) auf ein Backblech spritzen.
Ober-/Unterhitze:
180–200 °C (vorgeheizt)
Heißluft:
160–180 °C (nicht vorgeheizt)
Gas: Stufe 3–4 (vorgeheizt)
Backzeit: etwa 12 Minuten.
Zum Bestreichen die weiße Kuvertüre mit dem Kokosfett in einem kleinen Topf im Wasserbad bei schwacher Hitze zu einer geschmeidigen Masse verrühren. Die Kränzchen zur Hälfte damit bestreichen, nach Belieben mit Liebesperlen bestreuen und mit aufgelöster Kuvertüre verzieren.

TIP ***Veränderung: 3 gestrichene Eßlöffel Kakao mit Weizenmehl und Backpulver mischen und unterrühren. Die Plätzchen werden dunkler und schmecken köstlich nach Schokolade.***

SPITZBUBEN

Für den Knetteig:
375 g Weizenmehl
1 gestr. TL Backpulver
200 g Zucker
1 Pck. Vanillin-Zucker
250 g weiche Butter
125 g gemahlene Mandeln
(nicht abgezogen)

Für die Füllung:
125 g Johannisbeergelee

Für den Teig das Mehl mit Backpulver mischen, in eine Rührschüssel sieben, Zucker, Vanillin-Zucker, Butter und gemahlene Mandeln hinzufügen, mit einem Handrührgerät mit Knethaken zunächst auf niedrigster, dann auf höchster Stufe gut durcharbeiten, anschließend auf der Arbeitsfläche zu einem glatten Teig verkneten, sollte er kleben, ihn eine Zeitlang kalt stellen, den Teig dünn ausrollen, mit einer runden Form (Ø etwa 4 cm) ausstechen, auf ein gefettetes Backblech legen. Das Backblech in den Backofen schieben.
Ober-/Unterhitze: 180–200 °C (vorgeheizt)
Heißluft: 160–180 °C (nicht vorgeheizt)
Gas: Stufe 3–4 (vorgeheizt)
Backzeit: etwa 10 Minuten.
Die gebackenen Plätzchen erkalten lassen, die Hälfte der Plätzchen auf der Unterseite mit Johannisbeergelee bestreichen, die übrigen darauf legen, gut andrücken.

THORNER KATHRINCHEN

Für den Teig:
75 g Honig
60 g Zucker
2 EL Wasser
25 g Butter
1 Ei
2 TL Lebkuchen-Gewürz
1/2 Fläschchen Zitronen-Aroma
abgeriebene Schale von 1/2 Zitrone (unbehandelt)
1 EL Rum
200 g Weizenmehl
100 g Roggenmehl
2 gestr. TL Backpulver
Kondensmilch

abgezogene, halbierte Mandeln Haselnußkerne Sonnenblumenkerne

Für den Teig den Honig mit Zucker, Wasser und Butter in einem kleinen Topf langsam erwärmen, zerlassen, in eine Rührschüssel geben, kalt stellen. Unter die fast erkaltete Masse mit dem Handrührgerät mit Rührbesen auf höchster Stufe Ei, Lebkuchen-Gewürz, Zitronen-Aroma, Zitronenschale und Rum rühren.

Das Weizenmehl mit Roggenmehl und Backpulver mischen, sieben, $2/3$ davon portionsweise auf mittlerer Stufe unterrühren. Den Teigbrei mit dem Rest des Mehls auf der Arbeitsfläche zu einem glatten Teig verkneten, dann dünn ausrollen und Kathrinchen ausstechen oder rechteckige Plätzchen von etwa 10 x 6 cm ausschneiden, mit Kondensmilch bestreichen, mit Mandeln, Haselnußkernen und Sonnenblumenkernen belegen. Die Nüsse und Mandeln nochmals mit Kondensmilch bestreichen. Die Plätzchen auf ein gefettetes Backblech legen, in den Backofen schieben.

Ober-/Unterhitze: etwa 200 °C (vorgeheizt)
Heißluft: etwa 180 °C (nicht vorgeheizt)
Gas: Stufe 3–4 (vorgeheizt)
Backzeit: 10–12 Minuten.

ORANGEN-PLÄTZCHEN

Für den Rühr-Knetteig:
175 g weiche Butter
100 g Zucker
1 Pck. Vanillin-Zucker
Salz
1 Pck. Orangenfrucht
1 Ei
300 g Weizenmehl

Für den Guß:
175 g Puderzucker
4–5 EL Orangenlikör
oder Orangensaft
kandierte Orangenscheiben

Für den Teig die Butter mit dem Handrührgerät mit Rührbesen auf höchster Stufe geschmeidig rühren, nach und nach Zucker, Vanillin-Zucker, Salz und Orangenfrucht unterrühren, so lange rühren, bis eine gebundene Masse entstanden ist. Das Ei unterrühren. Das Mehl sieben, 2/3 portionsweise auf mittlerer Stufe unterrühren. Das restliche Mehl auf der Arbeitsfläche kurz unterkneten. Den Teig einige Zeit kalt stellen. Den Teig knapp 1/2 cm dick ausrollen, mit einer runden Form (Ø etwa 4 cm) ausstechen, auf ein mit Backpapier belegtes Backblech legen. Das Backblech in den Backofen schieben.

Ober-/Unterhitze:
180–200 °C (vorgeheizt)
Heißluft:
160–180 °C (nicht vorgeheizt)
Gas: Stufe 3–4 (vorgeheizt)
Backzeit: 10–15 Minuten.

Für den Guß den Puderzucker sieben, mit Orangenlikör oder Orangensaft glattrühren, so daß eine dickflüssige Masse entsteht, die erkalteten Plätzchen damit bestreichen. Die kandierten Orangenscheiben in Stücke schneiden, die Plätzchen damit garnieren.

HOLLÄNDISCHES KAFFEEGEBÄCK

(ohne Foto)

Für den Rührteig:
300 g weiche Butter
oder Margarine
100 g gesiebter Puderzucker
1 Pck. Vanillin-Zucker

2 Eier
Salz
abgeriebene Schale von 1 Zitrone (unbehandelt)
400 g Weizenmehl
1 gestr. TL Backpulver
Aprikosen-Konfitüre

Für den Guß:
100 g Kuvertüre
20 g Kokosfett

Für den Teig die Butter oder Margarine mit dem Handrührgerät mit Rührbesen auf höchster Stufe in etwa 1/2 Minute geschmeidig rühren, nach und nach Puderzucker und Vanillin-Zucker unterrühren. So lange rühren, bis eine gebundene Masse entstanden ist. Nach und nach die Eier, Salz und die Zitronenschale unterrühren. Das Mehl mit dem Backpulver mischen, sieben und portionsweise auf mittlerer Stufe unterrühren. Den Teig in einen Spritzbeutel mit gezackter Tülle füllen, in eng untereinanderliegenden Linien auf ein Backblech spritzen, so daß jeweils die Form eines langgezogenen Dreiecks entsteht. Das Blech in den Backofen schieben.
Ober-/Unterhitze:
180–200 °C (vorgeheizt)
Heißluft:
160–180 °C (nicht vorgeheizt)
Gas: Stufe 3–4 (vorgeheizt)
Backzeit: etwa 15 Minuten.
Die Hälfte der erkalteten Plätzchen auf der Unterseite mit Aprikosen-Konfitüre bestreichen. Die anderen mit der Unterseite darauf legen. Für den Guß die Kuvertüre mit dem Kokosfett in einem kleinen Topf im Wasserbad bei schwacher Hitze zu einer geschmeidigen Masse verrühren. Die Plätzchen mit der breiten Seite hineintauchen.

SCHOTTISCHE BUTTER-PLÄTZCHEN

Für den Teig:
375 g Weizenmehl
150 g brauner Rohrzucker
1 Pck. Bourbon Vanille-Zucker
250 g weiche Butter

Für den Teig das Mehl in eine Rührschüssel sieben, Rohrzucker, Vanille-Zucker und Butter hinzufügen. Die Zutaten mit dem Handrührgerät mit Knethaken zunächst kurz auf niedrigster, dann auf höchster Stufe gut durcharbeiten, anschließend auf der Arbeitsfläche zu einem glatten Teig verkneten. Aus dem Teig 2–2 1/2 cm dicke Rollen formen, so lange kalt stellen, bis sie hart geworden sind. Die Rollen in etwa 1/2 cm dicke Scheiben schneiden, auf ein Backblech legen, in den Backofen schieben und hellbraun backen lassen.
Ober- /Unterhitze:
180–200 °C (vorgeheizt)
Heißluft:
160–180 °C (nicht vorgeheizt)
Gas: Stufe 3–4 (vorgeheizt)
Backzeit: etwa 10 Minuten.

APFEL-KOKOS-MAKRONEN

Für den Teig:
125 g Weizenmehl
2 gstr. TL Backpulver
125 g Zucker
1 Pck. Vanillin-Zucker
1 Ei
125 g weiche Butter
125 g Kokosraspel
125 g Haferflocken
50 g kleingeschnittene, getrocknete Apfelringe
60 g Korinthen
6 EL Rum

Für den Teig das Mehl mit dem Backpulver mischen, in eine Rührschüssel sieben. Den Zucker, Vanillin-Zucker, Ei und Butter hinzufügen. Alle Zutaten mit dem Handrührgerät mit Rührbesen zuerst auf der niedrigsten, dann auf der höchsten Stufe in etwa 3 Minuten zu einem glatten Teig verrühren. Die Kokosraspeln und Haferflocken unter den Teig rühren. Apfelringe, Korinthen und Rum mischen, zuletzt unter die Masse rühren. Den Teig mit 2 Teelöffeln in knapp walnußgroßen Häufchen auf ein mit Backpapier belegtes Backblech setzen, in den Backofen schieben.
Ober-/Unterhitze:
etwa 180 °C (vorgeheizt)
Heißluft:
etwa 160 °C (nicht vorgeheizt)
Gas: etwa Stufe 3 (vorgeheizt)
Backzeit: etwa 15 Minuten.

ERDNUSS-ZÖPFCHEN

Für den Knetteig:
250 g Weizenmehl
1 Msp. Backpulver
125 g Zucker
1 Pck. Vanillin-Zucker
Salz
3 Eigelb
150 g Butter oder Margarine
125 g gemahlene Erdnußkerne

Zum Bestreichen.
1 Eigelb
1 EL Milch

Zum Bestäuben:
Puderzucker

Für den Teig das Mehl mit dem Backpulver mischen, in eine Rührschüssel sieben. Zucker, Vanillin-Zucker, Salz, Eigelb, Butter oder Margarine und Erdnußkerne hinzufügen. Die Zutaten mit dem Handrührgerät mit Knethaken zunächst kurz auf niedrigster, dann auf höchster Stufe kurz durcharbeiten, anschließend auf der Arbeitsfläche zu einem glatten Teig verkneten, sollte er kleben, ihn eine Zeitlang kalt stellen. Aus dem Teig bleistiftdicke Rollen formen, jeweils 2 Rollen umeinanderschlingen, in 3–4 cm lange Stücke schneiden, auf ein mit Backpapier belegtes Backblech legen. Zum Bestreichen das Eigelb mit der Milch verrühren.
Die Zöpfchen mit der Eigelbmilch bestreichen.

Ober-/Unterhitze:
180–200 °C (vorgeheizt)
Heißluft:
160–180 °C (nicht vorgeheizt)
Gas: Stufe 3–4 (vorgeheizt)
Backzeit: 15–20 Minuten.
Die Plätzchen sofort lösen, nach Belieben nach dem Erkalten mit Puderzucker bestäuben.

TIP *Als Veränderung die Teigzöpfchen nicht mit Eigelbmilch bestreichen, sondern sofort nach dem Backen in Zucker wenden.*

NUSSHERZEN

Für den Knetteig:
300 g Weizenmehl
150 g Farin-Zucker
1 Pck. Bourbon Vanille-Zucker
Salz
1 Ei
150 g Butter oder Margarine
200 g Nußmischung, gemahlen (z. B. Chashew-, Haselnuß, Mandel, Paranuß)

Für den Guß:
150 g Halbbitter-Kuvertüre
30 g Kokosfett

Zum Garnieren:
geschnittene Pistazienkerne

Für den Teig das Mehl in eine Rührschüssel sieben. Den Farin-Zucker, Vanille-Zucker, Salz, Ei, Butter oder Margarine und die Nußmischung hinzugeben. Die Zutaten mit dem Handrührgerät mit Knethaken zunächst kurz auf niedrigster, dann auf höchster Stufe kurz durcharbeiten, anschließend auf der Arbeitsfläche zu einem glatten Teig verkneten. Den Teig 1 Stunde lang kalt stellen, dann portionsweise dünn ausrollen. Die Herzen ausstechen, auf ein mit Backpapier belegtes Backblech legen.
Ober-/Unterhitze:
etwa 180 °C (vorgeheizt)
Heißluft:
etwa 160 °C (nicht vorgeheizt)
Gas: Stufe 3–4 (vorgeheizt)
Backzeit: 10–12 Minuten.
Die Plätzchen lösen, erkalten lassen. Die Kuvertüre mit dem Kokosfett im Wasserbad geschmeidig rühren. Die Plätzchen damit garnieren, mit den Pistazienkernen garnieren.

PINIENTALER

Für den Knetteig:
200 g Weizenmehl
1 Msp. Backpulver
75 g Zucker
1 Pck. Vanillin-Zucker
1 Beutel Rum-Aroma
1 Eigelb
Salz
100 g Butter oder Margarine

Zum Bestreichen:
150 g Halbbitter-Kuvertüre
20 g Kokosfett

Zum Bestreuen:
100 g gehackte, geröstete Pinienkerne

Für den Teig das Mehl mit dem Backpulver mischen, in eine Rührschüssel sieben. Den Zucker mit Vanillin-Zucker, Rum-Aroma, Eigelb, Salz und Butter oder Margarine hinzufügen. Die Zutaten mit dem Handrührgerät mit Knethaken zunächst kurz auf niedrigster, dann auf höchster Stufe gut durcharbeiten, anschließend auf der Arbeitsfläche zu einem glatten Teig verkneten. Den Teig etwa 1 Stunde kalt stellen, dünn ausrollen, mit einer runden, gezackten Form (Ø 4 cm) ausstechen, auf ein mit Backpapier belegtes Backblech legen.
Ober-/Unterhitze:
180–200 °C (vorgeheizt)
Heißluft:
160–180 °C (nicht vorgeheizt)
Gas: Stufe 3–4 (vorgeheizt)
Backzeit: etwa 8 Minuten.
Die Plätzchen lösen, erkalten lassen. Zum Bestreichen die Kuvertüre mit dem Kokosfett im Wasserbad auflösen. Die Plätzchen damit bestreichen, mit den Pinienkernen bestreuen.

ANANAS-BISSEN

Für den Teig:
4 Eiweiß
125 g Zucker
125 g abgezogene, gemahlene Mandeln
100 g abgetropfte, gehackte Ananasstücke (aus der Dose)
etwa 55 Backoblaten (Ø 5 cm)

Für den Teig das Eiweiß mit dem Handrührgerät mit Rührbesen auf höchster Stufe steif schlagen, nach und nach den Zucker unterschlagen. Die Mandeln und Ananasstücke unterheben. Von dem Teig mit 2 Teelöffeln jeweils Häufchen auf die Backoblaten geben. Die Oblaten auf ein mit Backpapier belegtes Backblech setzen, in den Backofen schieben.

Ober-/Unterhitze:
etwa 150 °C (vorgeheizt)
Heißluft:
etwa 130 °C (nicht vorgeheizt)
Gas: etwa Stufe 2 (vorgeheizt)
Backzeit: etwa 30 Minuten.
Die Ananas-Bissen in einer gut schließenden Dose aufbewahren.

NÜRNBERGER ELISEN-LEBKUCHEN

(Teig für etwa 40 Oblaten, Ø etwa 6 cm)

Für den Teig:
75 g Orangeat oder Zitronat (Sukkade)
2 Eier
200 g Farin-Zucker
1 Pck. Vanillin-Zucker
1 Msp. gemahlene Nelken
1/2 Fläschchen Rum-Aroma
1–2 Tropfen Zitronen-Aroma
125 g nicht abgezogene, gemahlene Mandeln
1 Msp. Backpulver
75–125 g gemahlene Haselnußkerne
40 Oblaten (Ø etwa 6 cm)

Für den hellen Guß:
150 g Puderzucker
1–2 EL heißes Wasser

Für den dunklen Guß:
75 g Schokolade
10 g Kokosfett

Für den Teig das Orangeat oder Zitronat sehr fein würfeln. Die Eier mit dem Handrührgerät mit Rührbesen auf höchster Stufe in 1 Minute schaumig schlagen.
Den Farin-Zucker mit Vanillin-Zucker mischen, in 1 Minute einstreuen, dann noch etwa 2 Minuten schlagen. Nelken, Rum- und Zitronen-Aroma unterrühren. Mandeln und Backpulver mischen, mit dem Orangeat (Zitronat) und so viel von den Haselnußkernen kurz auf niedrigster Stufe unter die Eiercreme rühren, so daß der Teig noch streichfähig ist. Auf jede von den Oblaten einen gehäuften Teelöffel des Teiges geben, mit einem in Wasser getauchten Messer bergförmig verstreichen, auf ein Backblech legen. Das Backblech in den Backofen schieben.

Ober-/Unterhitze:
130–150 °C (vorgeheizt)
Heißluft:
etwa 120 °C (nicht vorgeheizt)
Gas: Stufe 1–2 (vorgeheizt)
Backzeit: 25–30 Minuten.

Für den hellen Guß den Puderzucker sieben, mit Wasser glattrühren, so daß eine dickflüssige Masse entsteht. Die Hälfte der Elisenlebkuchen sofort nach dem Backen damit bestreichen. Für den dunklen Guß die Schokolade mit Kokosfett in einem kleinen Topf im Wasserbad bei schwacher Hitze zu einer geschmeidigen Masse verrühren. Die restlichen Lebkuchen erkaltet damit bestreichen.

ORANGEN-SCHOKOLADEN-PLÄTZCHEN

Für den Knetteig:
200 g Weizenmehl
60 g Speisestärke
1 gestr. TL Backpulver
100 g Zucker
1 Pck. Vanillin-Zucker
abgeriebene Schale von 1 Orange (unbehandelt)
1 Ei
125 g weiche Butter
100 g Zartbitter-Schokolade

Für den Teig das Mehl mit der Speisestärke und Backpulver mischen, in eine Rührschüssel sieben. Den Zucker, Vanillin-Zucker, Orangenschale, Ei und Butter hinzufügen. Die Zutaten mit dem Handrührgerät mit Knethaken zunächst kurz auf niedrigster, dann auf höchster Stufe gut durcharbeiten. Die Schokolade in kleine Stücke schneiden, kurz auf mittlerer Stufe unterkneten, anschließend alles auf der Arbeitsfläche zu einem glatten Teig verkneten. Aus dem Teig 3 etwa 3 cm dicke Rollen formen, breitdrücken, so daß die Teigstreifen etwa 5 cm breit und gut 1 cm hoch sind, kalt stellen, bis der Teig hart geworden ist, ihn dann mit einem scharfen Messer in knapp 1/2 cm dicke Scheiben schneiden, auf ein Backblech legen.
Das Backblech in den Backofen schieben.

Ober-/Unterhitze:
180–200 °C (vorgeheizt)
Heißluft:
160–180 °C (nicht vorgeheizt)
Gas: Stufe 3–4 (vorgeheizt)
Backzeit: etwa 10 Minuten.

OMAS MÜRBE-PLÄTZCHEN

Für den Knetteig:
400 g Weizenmehl
1 Msp. Backpulver
125 g Zucker
1 Pck. Vanillin-Zucker
4 Tropfen Butter-Vanille-Aroma
1 Eigelb
2 EL Weißwein
150 g weiche Butter
100 g Schweineschmalz

Für den Teig das Mehl mit dem Backpulver mischen, in eine Rührschüssel sieben. Die übrigen Zutaten hinzufügen, mit dem Handrührgerät mit Knethaken zunächst kurz auf niedrigster, dann auf höchster Stufe gut durcharbeiten, anschließend auf der Arbeitsfläche zu einem glatten Teig verkneten, eine Zeitlang kalt stellen, am besten über Nacht. Den Teig in kleinen Portionen knapp 1/2 cm dick ausrollen, Sterne oder andere Motive ausstechen, auf ein Backblech legen.

Ober-/Unterhitze:
170–200 °C (vorgeheizt)
Heißluft:
160–170 ° C (nicht vorgeheizt)
Gas: Stufe 3–4 (vorgeheizt)
Backzeit: 10–15 Minuten.

TIP *Die Plätzchen vor dem Backen mit Eigelbmilch bestreichen und mit abgezogenen, gehackten Mandeln oder Hagelzucker bestreuen.*

SPRITZGEBÄCK

Für den Teig:
250 g weiche Butter
200 g Zucker
1/2 Fläschchen Butter-Vanille-Aroma
2 Eier
500 g Weizenmehl
1 gestr. TL Backpulver

Für den Guß:
100 g Schokolade
etwas Kokosfett

Zum Garnieren:
gehackte Mandeln
Pistazienkerne

Für den Teig die Butter mit dem Handrührgerät mit Rührbesen geschmeidig rühren. Nach und nach Zucker und Vanille-Aroma unterrühren. So lange rühren, bis eine gebundene Masse entstanden ist. Die Eier nach und nach unterrühren (jedes Ei etwa 1/2 Minute). Das Mehl und Backpulver mischen, sieben. 2/3 davon portionsweise auf mittlerer Stufe unterrühren, den Rest auf der Arbeitsfläche unterkneten.
Den Teig in einen Spritzbeutel mit großer gezackter Tülle füllen, als S-Formen, Stangen oder Kränzchen auf ein Backblech spritzen.

Ober-/Unterhitze: 180–200 °C (vorgeheizt)
Heißluft: 160–180 °C (nicht vorgeheizt)
Gas: Stufe 3–4 (vorgeheizt)
Backzeit: 12–15 Minuten.
Für den Guß die Schokolade in kleine Stücke brechen, mit dem Kokosfett in einem kleinen Topf im Wasserbad bei schwacher Hitze zu geschmeidiger Masse verrühren.
Die erkalteten Plätzchen etwas hineintauchen, nach Belieben mit gehackten Mandeln oder Pistazienkernen bestreuen.

TIP *Der Teig kann auch durch einen Fleischwolf mit Spezialvorsatz gedreht werden. Ihn dazu aber vorher gut durchkühlen lassen.*

ZITRONEN-HERZEN

Für den Teig:
3 Eigelb
125 g Zucker
1 Pck. Vanillin-Zucker
3 Tropfen Zitronen-Aroma
1 Msp. Backpulver
200–250 g abgezogene, gemahlene Mandeln

Für den Guß:
100 g Puderzucker
etwa 1 EL Zitronensaft

Für den Teig das Eigelb mit Zucker und Vanillin-Zucker mit dem Handrührgerät mit Rührbesen auf höchster Stufe zu einer cremeartigen Masse schlagen. Aroma, Backpulver und so viel von den Mandeln unterrühren, daß ein fester Brei entstanden ist. Von dem Rest der Mandeln so viel unterkneten, daß der Teig kaum noch klebt. Den Teig auf einer mit gemahlenen Mandeln bestreuten Arbeitsfläche etwa 1/2 cm dick ausrollen, Herzen ausstechen, auf ein mit Backpapier belegtes Backblech legen, in den Backofen schieben.

Ober-/Unterhitze:
180–200 °C (vorgeheizt)
Heißluft:
160–180 °C (nicht vorgeheizt)
Gas: Stufe 3–4 (vorgeheizt)
Backzeit: etwa 10 Minuten.

Für den Guß den Puderzucker sieben, mit Zitronensaft glattrühren, so daß eine dickflüssige Masse entsteht, sofort nach dem Backen die Plätzchen damit bestreichen.

ZIMTSTERNE

Für die Masse:
3 Eiweiß
250 g Puderzucker
1 Pck. Vanillin-Zucker
3 Tropfen Bittermandel-Aroma
1 TL gemahlener Zimt
275–325 g nicht abgezogene, gemahlene Mandeln oder gemahlene Haselnußkerne
Puderzucker

Für die Masse das Eiweiß mit dem Handrührgerät mit Rührbesen auf höchster Stufe steif schlagen. Den Puderzucker sieben, nach und nach unterrühren. Zum Bestreichen der Sterne 2 gut gehäufte Eßlöffel Eischnee abnehmen, Vanillin-Zucker, Bittermandel-Aroma, Zimt und die Hälfte von den Mandeln oder Haselnußkernen vorsichtig auf niedrigster Stufe unter den übrigen Eischnee rühren. Von dem Rest der Mandeln (Haselnußkerne) so viel unterkneten, daß der Teig kaum noch klebt, ihn auf einer mit Puderzucker bestäubten Arbeitsfläche etwa 1/2 cm dick ausrollen, Sterne ausstechen, auf ein mit Backpapier belegtes Backblech legen, mit dem zurückgelassenen Eischnee bestreichen. Der Guß muß so sein, daß er sich glatt auf die Sterne streichen läßt, evtl. einige Tropfen Wasser unterrühren. Das Backblech in den Backofen schieben.

Ober-/Unterhitze:
130–150 °C (vorgeheizt)
Heißluft:
etwa 120 °C (nicht vorgeheizt)

Gas: Stufe 1–2 (nicht vorgeheizt)
Backzeit: 20–30 Minuten.
Das Gebäck muß sich beim Herausnehmen auf der Unterseite noch etwas weich anfühlen.

TIP *Die Zimtsterne sollten nicht in Blechdosen, sondern in Pappkartons aufbewahrt werden, damit sie weich bleiben.*

SCHWARZ-WEISS-GEBÄCK

Für den hellen Teig:
250 g Weizenmehl
1 gestr. TL Backpulver
150 g Zucker
1 Pck. Vanillin-Zucker
1/2 Fläschen Rum-Aroma
1 Ei
125 g weiche Butter

Für den dunklen Teig:
20 g Kakao
15 g Zucker
1 EL Milch
Eiweiß

Für den hellen Teig das Mehl mit dem Backpulver mischen, in eine Rührschüssel sieben. Den Zucker, Vanillin-Zucker, Aroma, Ei und Butter hinzufügen. Die Zutaten mit dem Handrührgerät mit Knethaken kurz auf niedrigster, dann auf höchster Stufe gut durcharbeiten. Den Teig anschließend auf der Arbeitsfläche zu einem glatten Teig verkneten, sollte er kleben, ihn eine Zeitlang kalt stellen.
Für den dunklen Teig den Kakao mit Zucker und Milch verrühren, unter die Hälfte des Teiges kneten.
Die beiden Teige folgendermaßen zusammensetzen: Für das Schneckenmuster den hellen und den dunklen Teig zu gleichmäßig großen Rechtecken ausrollen, eines dünn mit Eiweiß bestreichen, das zweite darauf legen, ebenfalls bestreichen, fest zusammenwickeln. Für das Schachbrettmuster (ohne Abbildung) den hellen und den dunklen Teig etwa 1 cm dick ausrollen, aus dem hellen 5, aus dem dunklen 4 je 1 cm breite Streifen von gleicher Länge schneiden, mit Eiweiß bestreichen, abwechselnd je drei neben- und übereinanderlegen, in dünn ausgerollten Teig wickeln.
Ober-/Unterhitze: 180–200 °C (vorgeheizt)
Heißluft: 160–180 °C (nicht vorgeheizt)
Gas: Stufe 3–4 (vorgeheizt)
Backzeit: 10–15 Minuten.

ST. GALLENER BIBERLE

Für den Teig:
125 g Honig, 75 g Zucker
25 g Butter, 1 Eigelb
1/2 Pck. Lebkuchengewürz
225 g Weizenmehl
1/2 Pck. Backpulver

Für die Füllung:
400 g Marzipan-Rohmasse
100 g gesiebter Puderzucker
1 Eiweiß
Saft und abgeriebene Schale von 1 Zitrone (unbehandelt)
100 g abgezogene, gemahlene Mandeln
gesiebter Puderzucker

Zum Bestreichen:
Kondensmilch

Zum Verzieren:
abgezogene, halbierte Mandeln

Für den Teig Honig, Zucker und Butter in einen Topf geben, unter Rühren langsam erwärmen, die Masse in eine Schüssel geben. Unter die fast erkaltete Masse mit dem Handrührgerät mit Rührbesen das Eigelb und Lebkuchengewürz rühren. Das Mehl mit Backpulver mischen, sieben, 2/3 unter die Honigmasse rühren, den Rest des Mehls unterkneten. Für die Füllung die Marzipan-Rohmasse, Puderzucker, Eiweiß, Zitronensaft und Zitronenschale mit dem Handrührgerät mit Knethaken verkneten. Die gemahlenen Mandeln unterkneten. Die Marzipanmasse in 4 Teile schneiden, jedes Stück auf der mit Puderzucker bestäubten Arbeitsfläche zu einer etwa 50 cm langen Rolle formen, den Teig zu einem Rechteck von etwa 32 x 50 cm ausrollen, in 4 etwa 8 cm breite Streifen schneiden mit Kondensmilch bestreichen, auf jeden Teigstreifen eine Marzipanrolle legen, in den Teig einrollen. Jede Rolle in 20 Dreiecke schneiden. Die Biberle auf ein mit Backpapier ausgelegtes Backblech geben, mit Kondensmilch bestreichen, nach Belieben mit abgezogenen, halbierten Mandeln belegen, das Backblech in den Backofen schieben.
Ober-/Unterhitze:
etwa 200 °C (vorgeheizt)
Heißluft:
etwa 180 °C (nicht vorgeheizt)
Gas: etwa Stufe 4 (vorgeheizt)
Backzeit: 12–15 Minuten.

NUSS-SPRITZGEBÄCK

Für den Rühr-Knetteig:
250 g Butter
150 gesiebter Puderzucker
1 Pck. Vanillin-Zucker
1 Eigelb
1/2 TL gemahlener Zimt
abgeriebene Schale von 1/2 Zitrone (unbehandelt)
250 g gemahlene, geröstete Haselnüsse
250 g Weizenmehl

Zum Verzieren:
75 g Speisefettglasur

Für den Teig die Butter mit dem Handrührgerät mit Rührbesen geschmeidig rühren, nach und nach Puderzucker mit Vanillin-Zucker, Eigelb, Zimt, Zitronenschale, Haselnußkernen und etwa der Hälfte des Mehls unterrühren, das restliche Mehl unterkneten.
Den Teig 1–2 Stunden kalt stellen, portionsweise durch einen Fleischwolf mit Gebäckvorsatz in Sternform drehen, in 5 cm lange Stücke schneiden. Die Teigstangen auf ein mit Backpapier ausgelegtes Backblech legen. Das Backblech in den Backofen schieben.
Ober-/Unterhitze:
180–200 °C (vorgeheizt)
Heißluft:
160–180 °C (nicht vorgeheizt)
Gas: Stufe 3–4 (vorgeheizt)
Backzeit: etwa 10 Minuten.
Die Speisefettglasur in einem kleinen Topf im Wasserbad auflösen, das erkaltete Nuß-Spritzgebäck damit besprenkeln.

MANDELZUNGEN

Für den Teig:
6 Eiweiß
250 g Zucker
60 g Weizenmehl
10 g Kakao
200 g unabgezogene, gemahlene Mandeln
60 g zerlassene, abgekühlte Butter

Für die Füllung:
etwa 150 g Nuß-Nougat-Masse

Für den Guß:
100 g Speisefettglasur, dunkel

Für den Teig das Eiweiß mit dem Handrührgerät mit Rührbesen fast steif schlagen, nach und nach den Zucker unterschlagen. Das Mehl mit dem Kakao mischen, auf das steifgeschlagene Eiweiß sieben, vorsichtig unterziehen. Die Mandeln auf niedrigster Stufe unterrühren, zum Schluß die Butter unterrühren. Die Mandelmasse in einen Spritzbeutel mit Lochtülle füllen, jeweils 3 dicht nebeneinander liegende Streifen (3–4 cm lang) auf ein mit Backpapier belegtes Backblech spritzen. Das Backblech in den Backofen schieben.

Ober-/Unterhitze: 180–200 °C (vorgeheizt)
Heißluft: etwa 160 °C (vorgeheizt)
Gas: Stufe 3–4 (vorgeheizt)
Backzeit: etwa 12 Minuten.

Für die Füllung die Nuß-Nougat-Masse in einem kleinen Topf im Wasserbad bei schwacher Hitze geschmeidig rühren, die Hälfte der abgekühlten Plätzchen auf der Unterseite damit bestreichen, mit den übrigen Plätzchen bedecken.
Für den Guß die Speisefettglasur in einem kleinen Topf im Wasserbad bei schwacher Hitze auflösen, die Plätzchen mit den Enden hineintauchen, auf Pergamentpapier trocknen lassen, in gut schließenden Dosen aufbewahren.

WÜRZIGE FRÜCHTE-PLÄTZCHEN

Für den Rührteig:
75 g Butter
150 g Zucker
1 Pck. Vanillin-Zucker
2 Eier
Salz
je 1 gut geh. Msp. gemahlener Kardamom und gemahlener Zimt
250 g Weizenmehl
1 gestr. TL Backpulver
30 g feingewürfeltes Zitronat (Sukkade)
30 g feingewürfeltes Orangeat
75 g abgezogene, gehackte Mandeln

Für den Guß:
150 g gesiebter Puderzucker
3–4 EL Zitronensaft

Für den Teig die Butter mit dem Handrührgerät mit Rührbesen auf höchster Stufe in etwa 1/2 Minute geschmeidig rühren, nach und nach Zucker und Vanillin-Zucker unterrühren, so lange rühren, bis eine gebundene Masse entstanden ist. Die Eier unterrühren (jedes Ei etwa 1/2 Minute). Salz, Kardamom und Zimt hinzufügen. Das Mehl mit dem Backpulver mischen, sieben, portionsweise auf mittlerer Stufe unterrühren. Das Zitronat, Orangeat und die abgezogenen, gehackten Mandeln unter den Teig heben mit 2 Teelöffeln Teighäufchen auf ein mit Backpapier belegtes Backblech setzen, in den Backofen schieben.

Ober-/Unterhitze:
etwa 200 °C (vorgeheizt)
Heißluft:
etwa 180 °C (nicht vorgeheizt)
Gas: Stufe 3–4 (vorgeheizt)
Backzeit: 10–15 Minuten.

Für den Guß den Puderzucker mit dem Zitronensaft zu einer dickflüssigen Masse verrühren. Die erkalteten Plätzchen dünn damit bestreichen.

NOUGAT-MANDEL-TALER

Für den Biskuitteig:
2 Eier, 100 g Zucker
1 Pck. Vanillin-Zucker
Salz
160 g Weizenmehl

Zum Bestreuen:
etwa 40 g abgezogene, gehobelte Mandeln

Für die Füllung:
100 g Nuß-Nougat-Masse

Zum Verzieren:
20–40 g dunkle Kuvertüre oder Speisefettglasur

Für den Teig die Eier mit dem Handrührgerät mit Rührbesen auf höchster Stufe in 1 Minute schaumig schlagen Zucker mit Vanillin-Zucker und Salz mischen, in 1 Minute einstreuen, dann noch etwa 2 Minuten schlagen. Die Hälfte des Mehls auf die Eiercreme sieben, kurz auf niedrigster Stufe unterrühren, den Rest des Mehls auf dieselbe Weise unterarbeiten. Den Teig in einen Spritzbeutel mit großer Lochtülle geben, etwa 2 cm dicke Tuffs auf gefettete, bemehlte Backbleche spritzen, mit Mandeln bestreuen. Die Backbleche in den Ofen schieben.

Ober-/Unterhitze:
etwa 200 °C (vorgeheizt)
Heißluft:
etwa 180 °C (nicht vorgeheizt)
Gas: Stufe 3–4 (vorgeheizt)
Backzeit: etwa 10 Minuten.
Die Plätzchen sofort nach dem Backen vom Backblech lösen. Für die Füllung die Nuß-Nougat-Masse in einem kleinen Topf im Wasserbad bei schwacher Hitze geschmeidig rühren. Die Hälfte der erkalteten Plätzchen auf der Unterseite damit bestreichen, mit den anderen Plätzchen bedecken.
Zum Verzieren Kuvertüre oder Speisefettglasur in einem kleinen Topf im Wasserbad bei schwacher Hitze geschmeidig rühren, die Plätzchen damit besprenkeln.

Für den Rührteig die Butter mit dem Handrührgerät mit Rührbesen auf höchster Stufe in etwa 1/2 Minute geschmeidig rühren, nach und nach Puderzucker, Vanillin-Zucker, Salz, Eigelb, Orangenschale und Orangensaft unterrühren, so lange rühren, bis eine gebundene Masse entstanden ist. Das Mehl sieben, portionsweise auf mittlerer Stufe unterrühren.
Den Teig in einen Spritzbeutel mit Sterntülle füllen, etwa 6 cm lange Stangen auf ein mit Backpapier belegtes Backblech spritzen. Das Backblech in den Backofen schieben.
Ober-/Unterhitze:
180–200 °C (vorgeheizt)
Heißluft:
160–180 °C (nicht vorgeheizt)
Gas: Stufe 3–4 (vorgeheizt)
Backzeit: etwa 10 Minuten.
Für die Füllung die Nuß-Nougat-Masse in einem kleinen Topf im Wasserbad geschmeidig rühren. Die Hälfte der Plätzchen auf der Unterseite damit bestreichen, mit den restlichen Plätzchen bedecken.
Die Speisefettglasur in einem kleinen Topf im Wasserbad geschmeidig rühren, jeweils ein Ende der Orangen-Stäbchen eintauchen, auf Pergamentpapier trocknen lassen.

ORANGEN-STÄBCHEN

Für den Rührteig:
300 g weiche Butter
150 g gesiebter Puderzucker
1 Pck. Vanillin-Zucker
Salz, 4 Eigelb
abgeriebene Schale von 1 Orange (unbehandelt)
3 EL Orangensaft
300 g Weizenmehl

Für die Füllung:
100 g Nuß-Nougat-Masse

Für den Guß:
100 g Speisefettglasur

SAHNEBREZELN

(ohne Foto)
Für den Knetteig:
375 g Weizenmehl
1 schwach geh. TL Zucker
2 Pck. Vanillin-Zucker
125 ml (1/8 l) dicke saure Sahne
250 g weiche Butter

Zum Bestreichen:
Kondensmilch

Zum Garnieren:
100 g Hagelzucker
50 g abgezogene, gehackte Mandeln

Für den Teig das Mehl in eine Rührschüssel sieben. Zucker, Vanillin-Zucker, saure Sahne und Butter hinzufügen. Mit dem Handrührgerät mit Knethaken gut durcharbeiten. Anschließend auf der Arbeitsfläche zu einem glatten Teig verkneten. Sollte er kleben, ihn eine Zeitlang kalt stellen. Den Teig etwa 1/2 cm dick ausrollen, in Streifen von gut 1/2 x 22 cm schneiden. Diese zu Brezeln schlingen. Auf der oberen Seite mit Kondensmilch bestreichen. Den Hagelzucker mit den Mandeln mischen. Die Brezeln hineindrücken, mit der unteren Seite auf ein Backblech legen und im Backofen goldgelb backen.
Ober-/Unterhitze:
200–220 °C (vorgeheizt)
Heißluft:
180–200 °C (nicht vorgeheizt)
Gas: Stufe 4–5 (vorgeheizt)
Backzeit: etwa 10 Minuten.

ENGLISCHES TEEGEBÄCK

Für den Teig:
100 g Marzipan-Rohmasse
250 g weiche Butter
100 g brauner Rohrzucker
250 g Weizenmehl
Rohrzucker oder Zucker

Für den Teig die Marzipan-Rohmasse mit der Butter mit dem Handrührgerät mit Rührbesen auf höchster Stufe in etwa 1/2 Minute geschmeidig rühren. Nach und nach den Rohrzucker unterrühren. So lange rühren, bis eine gebundene Masse entstanden ist. Das Mehl sieben und portionsweise auf mittlerer Stufe unterrühren.
Den Teig zu einer Rolle formen und kalt stellen (2–3 Stunden). Den Teig etwa 1–1 1/2 cm dick ausrollen. In Streifen von etwa 1 1/2 x 6 cm schneiden. Auf ein gut gefettetes Backblech legen. Auf jeden Teigstreifen mit einer Gabel ein Muster eindrücken. Die Teigstreifen mit Rohrzucker oder Zucker bestreuen. Das Backblech in den Backofen schieben.
Ober-/Unterhitze:
160–180 °C (vorgeheizt)
Heißluft:
130–150 °C (nicht vorgeheizt)
Gas: etwa Stufe 3 (vorgeheizt)
Backzeit: 25–30 Minuten.

HONIG-PLÄTZCHEN

Für den Teig:
125 g Honig
200 g Zucker
4 EL Milch
100 g Butter
1 Pck. Vanillin-Zucker
3 Tropfen Bittermandel-Aroma
1 TL gemahlener Zimt
400 g Weizenmehl
20 g Kakao
100 g Speisestärke
1 Pck. Backpulver
75 g abgezogene, gehackte Mandeln

Zum Bestreichen:
1 schwach geh. TL Kartoffelmehl
6 EL kaltes Wasser
100–125 g abgezogene, halbierte Mandeln

Für den Teig den Honig mit Zucker, Milch und Butter langsam erwärmen, zerlassen, in eine Rührschüssel geben, kalt stellen. Unter die fast erkaltete Masse mit dem Handrührgerät mit Rührbesen auf höchster Stufe Vanillin-Zucker, Bittermandel-Aroma und Zimt rühren. Das Mehl mit Kakao, Speisestärke und Backpulver mischen, sieben, 2/3 davon eßlöffelweise auf mittlerer Stufe unterrühren. Den Teigbrei mit dem Rest des Mehls und gehackten Mandeln auf der Arbeitsfläche zu einem glatten Teig verkneten, sollte er kleben, ihn eine Zeitlang kalt stellen. Den Teig etwa 1/2 cm dick ausrollen, mit einer runden Form (Ø etwa 8 cm) ausstechen, auf ein gefettetes Backblech legen.

Zum Bestreichen das Kartoffelmehl mit Wasser anrühren, zum Kochen bringen, kurz aufkochen, abkühlen lassen, die Plätzchen dünn damit bestreichen. Die Plätzchen mit den Mandeln garnieren. Das Backblech in den Backofen schieben.

Ober-/Unterhitze:
180–200 °C (vorgeheizt)
Heißluft:
160–180 °C (nicht vorgeheizt)
Gas: Stufe 2–3 (vorgeheizt)
Backzeit: etwa 20 Minuten.

TIP
Aus Kartoffelmehl und Wasser gekochte Glasur verleiht den Plätzchen einen schönen Glanz und läßt die aufgelegten Mandeln gut haften.

BUSSERL

Für die Masse:

2 Eiweiß

100 g feinkörniger Zucker

1 gestr. EL. Kakao

50 g zartbittere, feingeschnittene Schokolade

Für die Masse das Eiweiß steif schlagen, der Schnee muß so fest sein, daß ein Messerschnitt sichtbar bleibt, nach und nach den Zucker unterschlagen. Den Kakao sieben, mit der Schokolade vorsichtig unterheben. Mit 2 Teelöffeln walnußgroße Häufchen auf ein gefettetes Backblech setzen. Das Backbleich in den Backofen schieben.

Ober- /Unterhitze:
130–150 °C (vorgeheizt)
Heißluft:
110–130 °C (nicht vorgeheizt)
Gas: Stufe 1–2 (vorgeheizt)
Backzeit: 25–35 Minuten.

SCHOKO-STÄBCHEN

Für den Teig:

1 Ei

1 Eigelb

125 g Zucker

1 Pck. Vanillin-Zucker

Salz

1 gestr. TL Instant Kaffeepulver

60 g Zartbitter-Schokolade

200 g gemahlene Mandeln

1 Msp. Backpulver

Für den Guß:

1 Eiweiß

60 g Puderzucker

Für den Teig das Ei mit Eigelb, Zucker, Vanillin-Zucker, Salz und Kaffeepulver mit dem Handrührgerät mit Rührbesen auf höchster Stufe schaumig schlagen. Die Schokolade in kleine Stücke brechen, in einem kleinen Topf im Wasserbad bei schwacher Hitze glattrühren, unter die Eiermasse rühren. Die Mandeln mit dem Backpulver mischen, 2/3 davon auf mittlerer Stufe unterrühren, den Rest unterkneten, den Teig kalt stellen. Für den Guß das Eiweiß steif schlagen. Den Puderzucker sieben, eßlöffelweise unter den Schnee schlagen. Den Teig zu einem Rechteck (12 x 40 cm) ausrollen. Die Teigplatte gleichmäßig mit dem Guß bestreichen, daraus Stäbchen (6 x 1 cm) schneiden, auf ein gefettetes Backblech legen, in den Backofen schieben.

Ober-/Unterhitze:
180–200 °C (vorgeheizt)
Heißluft:
160–180 °C (nicht vorgeheizt)
Gas: Stufe 3–4 (vorgeheizt)
Backzeit: 10–15 Minuten.

SPEKULATIUS

Für den Knetteig:
500 g Weizenmehl
2 gestr. TL Backpulver
250 g Zucker
1 Pck. Vanillin-Zucker
2 Tropfen Bittermandel-Aroma
2 Msp. gemahlener Kardamom
2 Msp. gemahlene Nelken
1 gestr. TL gemahlener Zimt
Salz
2 Eier
200 g weiche Butter oder Margarine
100 g abgezogene, gemahlene Mandeln oder Haselnußkerne

ELISEN-LEBKUCHEN

Für den Teig:
2 Eier
250 g Zucker
abgeriebene Schale von 1 Zitrone (unbehandelt)
50 g feingehacktes Orangeat
350–400 g gemahlene Mandeln (ungeschält)
40–50 Oblaten (Ø etwa 6 cm)

Für den Guß:
etwa 75 g Speisefettglasur
100 g Puderzucker
etwa 2 EL Zitronensaft

Für den Teig die Eier mit dem Handrührgerät mit Rührbesen auf höchster Stufe etwa 1 Minute schaumig schlagen. Den Zucker langsam hinzugeben, etwa 3 Minuten weiterschlagen. Die Zitronenschale, Orangeat und Mandeln unterheben, die Masse muß streichfähig bleiben. Die Mandelmasse bergartig auf Oblaten streichen. Die Plätzchen etwa 12 Stunden bei Zimmertemperatur stehen lassen, dann auf Backbleche legen. Die Backbleche in den Backofen schieben.
Ober-/Unterhitze:
170–180 °C (vorgeheizt)
Heißluft:
150–160 °C (nicht vorgeheizt)
Gas: Stufe 1–2 (vorgeheizt)
Backzeit: 25–30 Minuten.
Für den Guß die Speisefettglasur nach der Vorschrift auf der Packung auflösen, die Hälfte der erkalteten Lebkuchen damit bestreichen. Den Puderzucker sieben, mit Zitronensaft zu einer streichfähigen Masse verrühren, die restlichen Lebkuchen damit bestreichen.

Für den Teig das Mehl mit dem Backpulver mischen, in eine Rührschüssel sieben. Zucker, Vanillin-Zucker, Bittermandel-Aroma, Kardamom, Nelken, Zimt, Salz, Eier, Butter oder Margarine und Mandeln oder Haselnußkerne hinzufügen. Die Zutaten mit dem Handrührgerät mit Knethaken zunächst kurz auf niedrigster, dann auf höchster Stufe gut durcharbeiten, anschließend auf der Arbeitsfläche zu einem glatten Teig verkneten, sollte er kleben, ihn eine Zeitlang kalt stellen. Den Teig dünn ausrollen, mit beliebigen Formen (vor allem Tierformen) ausstechen, auf ein Backblech legen. Werden Holzmodel benutzt, den Teig in den gut bemehlten Model drücken, den überstehenden Teig abschneiden. Die

Spekulatiusstücke aus dem Model schlagen. Das Backblech in den Backofen schieben.
Ober-/Unterhitze: 180–200 °C (vorgeheizt)
Heißluft: 160–180 °C (nicht vorgeheizt)
Gas: Stufe 3–4 (vorgeheizt)
Backzeit: etwa 10 Minuten.

MAILÄNDER KEKSE

Für den Rühr-Knetteig:
300 g weiche Butter
250 g Zucker
1 Pck. Vanillin-Zucker
Salz
abgeriebene Schale von 1 Zitrone (unbehandelt)
3 kleine Eier
500 g Weizenmehl
2 gestr. TL Backpulver

Zum Bestreichen:
etwa 60 g zerlassene Butter
60 g Zucker
1 Pck. Vanillin-Zucker

Für den Teig die Butter mit dem Handrührgerät mit Rührbesen auf höchster Stufe in etwa 1/2 Minute geschmeidig rühren, nach und nach Zucker, Vanillin-Zucker, Salz und Zitronenschale unterrühren, so lange rühren, bis eine gebundene Masse entstanden ist. Die Eier nach und nach unterrühren (jedes Ei etwa 1/2 Minute). Das Mehl mit Backpulver mischen, sieben, etwa die Hälfte des Mehls unterrühren, den Rest unterkneten, über Nacht kalt stellen. Den Teig knapp 1/2 cm dick ausrollen, mit einer Kartoffelreibe ein Muster in die Teigoberfläche drücken, mit einer Form Rosetten ausstechen. Die Teig-Rosetten auf ein mit Backpapier belegtes Backblech legen. Das Backblech in den Backofen schieben.
Ober- /Unterhitze:
180–200 °C (vorgeheizt)
Heißluft:
160–180 °C (nicht vorgeheiztf)
Gas: Stufe 3–4 (vorgeheizt)
Backzeit: etwa 12 Minuten.
Die Kekse sofort nach dem Backen mit Butter bestreichen. Den Zucker mit Vanillin-Zucker mischen, die Kekse damit bestreuen.

Für den Knetteig das Mehl mit Backpulver mischen, in eine Rührschüssel sieben, Zucker, Vanillin-Zucker, Eigelb, Butter oder Margarine hinzufügen, mit dem Handrührgerät mit Knethaken zunächst kurz auf niedrigster, dann auf höchster Stufe gut durcharbeiten. Anschließend auf der Arbeitsfläche zu einem glatten Teig verkneten, sollte er kleben, ihn eine Zeitlang kalt stellen. Den Teig dünn ausrollen, mit einer runden, gezackten Form (Ø etwa 4 cm) Plätzchen ausstechen, auf ein mit Backpapier belegtes Backblech legen.

Für die Makronenmasse das Eiweiß mit dem Handrührgerät mit Rührbesen so steif schlagen, daß ein Messerschnitt sichtbar bleibt, darunter nach und nach Zucker und Zimt schlagen, Mandeln und Bittermandel-Aroma unterheben. Die Masse in einen Spritzbeutel mit gezackter Lochtülle füllen, auf die Plätzchen spritzen. Das Backblech in den Backofen schieben.

Ober-/Unterhitze:
170–200 °C (vorgeheizt)
Heißluft:
160–180 °C (nicht vorgeheizt)
Gas: Stufe 3–4 (vorgeheizt)
Backzeit: etwa 10 Minuten.

MAKRONEN-PLÄTZCHEN

Für den Knetteig:
250 g Weizenmehl
1/2 gestr. TL Backpulver
75 g Zucker
1 Pck. Vanillin-Zucker
3 Eigelb
125 g weiche Butter oder Margarine

Für die Makronenmasse:
3 Eiweiß
150 g Zucker
1 Msp. gemahlener Zimt
200 g abgezogene, gemahlene Mandeln
2 Tropfen Bittermandel-Aroma

VANILLE-PLÄTZCHEN

(ohne Foto)

Für den Knetteig:
250 g Weizenmehl
1 gestr. TL Backpulver
75 g Zucker
2 Pck. Vanillin-Zucker
1 Ei
125 g kalte Butter

Zum Garnieren:
etwas Kuvertüre

Für den Teig das Mehl mit dem Backpulver mischen und auf die Arbeitsfläche sieben. In die Mitte eine Vertiefung eindrücken. Zucker, Vanillin-Zucker und Ei hineingeben. Mit einem Teil des Mehls zu einem dicken Brei verarbeiten. Die Butter in Stücke schneiden, daraufgeben und mit Mehl bedecken. Von der Mitte aus alle Zutaten schnell zu einem glatten Teig verkneten. Sollte der Teig kleben, ihn eine Zeitlang kalt stellen.
Den Teig dünn ausrollen. Mit einer runden Form (Ø etwa 4 cm) ausstechen. Auf ein mit Backpapier belegtes Backblech legen und in den Backofen schieben.
Ober-/Unterhitze:
180–200 °C (vorgeheizt)
Heißluft:
160–180 °C (nicht vorgeheizt)
Gas: Stufe 3–4 (vorgeheizt)
Backzeit: 8–10 Minuten
Zum Garnieren die Kuvertüre in einem kleinen Topf im Wasserbad bei schwacher Hitze zu einer geschmeidigen Masse verrühren. Die erkalteten Plätzchen mit einem Teelöffel unregelmäßig mit der Kuvertüre besprenkeln.

NUSS-STANGEN

Für den Knetteig:
200 g Weizenmehl
40 g Zucker
1 Pck. Vanillin-Zucker
Salz
2 Eigelb
100 g weiche Butter

Für den Belag:
125 ml (1/8 l) Wasser
100 g Zucker
400 g gemahlene Haselnußkerne
4 EL Rum
200 g gesiebter Puderzucker
etwa 1 1/2 Eiweiß

Für den Teig das Mehl in eine Schüssel sieben. Den Zucker, Vanillin-Zucker, Salz, Eigelb und Butter hinzufügen. Die Zutaten mit dem Handrührgerät mit Knethaken zunächst kurz auf niedrigster, dann auf höchster Stufe gut durcharbeiten, anschließend auf der Arbeitsfläche zu einem glatten Teig verkneten, sollte er kleben, ihn eine Zeitlang kalt stellen. Den Teig zu einem Rechteck von etwa 40 x 30 cm ausrollen.

Für den Belag das Wasser mit dem Zucker zum Kochen bringen, kochen, bis der Zucker gelöst ist, von der Kochstelle nehmen. Die Haselnußkerne unterrühren, den Rum hinzufügen.
Die Masse etwas abkühlen lassen, auf den Teig streichen. Den Puderzucker mit dem Eiweiß zu einer dickflüssigen Masse verrühren, auf die Nußmasse streichen. Das Teigrechteck in Streifen von etwa 6 x 1 1/2 cm schneiden, auf ein mit Backpapier belegtes Backblech legen, in den Backofen schieben.
Ober-/Unterhitze:
etwa 180 °C (vorgeheizt)
Heißluft:
etwa 160 °C (nicht vorgeheizt)
Gas: etwa Stufe 3 (vorgeheizt)
Backzeit: 12–15 Minuten.
Sollte beim Backen etwas von dem Guß am Teigrand herunterlaufen, ihn mit einem Messer abschneiden.

Spaß an Figürliches

Formen und Farben Backen

SIDI BABAS WUNDERLAMPE

(Foto Seite 54/55)

Für den Hefeteig:
500 g Weizenmehl
1 Pck. Trockenhefe
Salz
75 g Honig
2 EL Speiseöl
1 Ei
50 g Sesamsaat
2 Becher (je 150 g) erwärmter Joghurt

Zum Bestreichen:
1 Eigelb
2 EL Milch

Zum Bestreuen:
gehackte Pistazien
Mohn und Sesamsaat

Zum Befestigen:
Kuvertüre

Für den Teig das Mehl in eine Rührschüssel sieben, mit der Trockenhefe sorgfältig vermischen. Das Salz, Honig, Speiseöl, Ei, Sesamsaat und Joghurt hinzugeben. Die Zutaten mit dem Handrührgerät mit Knethaken zunächst auf niedrigster, dann auf höchster Stufe in etwa 5 Minuten zu einem Teig verarbeiten. Den Teig zugedeckt so lange an einem warmen Ort stehen lassen, bis er sich sichtbar vergrößert hat. Den gegangenen Teig auf der Arbeitsfläche mit den Händen nochmals gut durchkneten und etwa 1/2 cm dick ausrollen, auf ein mit Backpapier belegtes Backblech legen. Das Gebäude nach Schablone ausschneiden. Den übrigen Teig wieder zusammenkneten, ausrollen, auf mit Backpapier belegte Backbleche legen, nach Schablonen Palmen und 1 Wunderlampe ausschneiden. Aus Teigresten Standflächen für die Palmen, Sterne und Blumen ausschneiden oder ausstechen. Die Teigstücke mit Eigelbmilch bestreichen, mit Pistazien, Mohn- und Sesamsaat bestreuen. Die Teigstücke nochmals gehen lassen. Die Backbleche in den Backofen schieben.

Ober-/Unterhitze: 180–200 °C (vorgeheizt)
Heißluft: 160–180 °C (nicht vorgeheizt)
Gas: Stufe 3–4 (vorgeheizt)
Backzeit: etwa 15 Minuten.

Das Gebäck auf einem Kuchenrost erkalten lassen, mit aufgelöster Kuvertüre auf einer mit Papier überzogenen Platte befestigen.

---

doppelte Menge

KLEINE BRIOCHE-NIKOLÄUSE

(6 Stück)

Für den Hefeteig:
15 g frische Hefe
1 TL Zucker
3 EL lauwarmes Wasser
40 g Zucker
300 g Weizenmehl
150 g weiche Butter
3 kleine Eier, Salz

Außerdem:
Butter für die Formen

Zum Bestreichen:
1 Eigelb
1 EL Milch

Zum Verzieren:
100 g Marzipan-Rohmasse
50 g Puderzucker
etwas rote Speisefarbe
100 g Puderzucker
1 EL Eiweiß

Für den Teig die Hefe mit 1 Teelöffel Zucker in 3 EL Wasser auflösen, etwa 15 Minuten an einen warmen Platz stellen, bis sich Blasen bilden. Das Mehl in eine große Schüssel sieben, mit dem Zucker, der Butter, den Eiern und einer Prise Salz vermischen, die aufgelöste Hefe darunterrühren. Den Teig mit dem Handrührgerät mit Knethaken zunächst kurz auf niedrigster, dann auf höchster Stufe in etwa 5 Minuten zu einem Teig verarbeiten. Den Teig zugedeckt so lange an einem warmen Ort stehen lassen, bis er sich sichtbar vergrößert hat. Den gegangenen Teig leicht mit Mehl bestäuben, aus der Schüssel nehmen, auf der Arbeitsfläche nochmals kurz durchkneten, je 6 große und kleine Kugeln formen. Die großen Kugeln in gebutterte Brioche-Formen setzen. In die Mitte eine Vertiefung drücken, mit verquirltem Ei auspinseln, die kleinen Kugeln hineinsetzen. Etwa 20 Minuten gehen lassen, dann mit verquirltem Eigelb bestreichen. Die Formen auf dem Rost in den Backofen schieben.
Ober-/Unterhitze:
etwa 200 °C (vorgeheizt)
Heißluft:
etwa 180 °C (nicht vorgeheizt)
Gas: etwa Stufe 4 (vorgeheizt)
Backzeit: 15–20 Minuten.
Die Brioche abkühlen lassen. Zum Verzieren das Marzipan mit dem Puderzucker verkneten. Für die Hüte eine Teil der Marzipanmasse mit Speisefarbe rot einfärben. Aus Puderzucker und Eiweiß eine Spritzglasur bereiten. Gesichter, Hüte und Bärte wie auf dem Foto verzieren. Bärte und Hüte mit etwas Guß befestigen.

JOGHURT-KUCHEN „HALBMOND“

Für den Biskuitteig:
325 g Butter
150 g Joghurt
1 Fl. Butter-Vanille-Aroma
4 Eier
325 g Zucker
1 Pck. Vanillin-Zucker
400 g Weizenmehl
1 gestr. TL Backpulver
Semmelbrösel

Für den Guß:
200 g weiße Kuvertüre

Für den Teig die Butter in einem Topf zerlassen, mit Joghurt und Aroma verrühren. Die Eier in einer Rührschüssel mit dem Handrührgerät mit Rührbesen auf höchster Stufe in 1 Minute schaumig schlagen. Den Zucker mit Vanillin-Zukker mischen, in 1 Minute einstreuen. Noch etwa 2 Minuten schlagen. Das Mehl mit dem Backpulver mischen, in 2 Portionen auf die Eiercreme sieben, kurz auf niedrigster Stufe unterrühren. Das Butter-Joghurt-Gemisch unterrühren. Den Teig in eine gefettete, mit Semmelbröseln ausgestreute Halbmondform füllen. Die Form auf dem Rost in den Backofen schieben.
Ober-/Unterhitze: etwa 170 °C (vorgeheizt, untere Einschubleiste)
Heißluft:
etwa 150 °C (nicht vorgeheizt)
Gas: etwa Stufe 3 (nicht vorgeheizt)
Backzeit: 90–100 Minuten.
Den erkalteten Kuchen mit der aufgelösten Kuvertüre überziehen.

MARZIPAN-TIERE

Für den Teig:
150 g Puderzucker
200 g Marzipan-Rohmasse

Für die Mäuse:
50 g abgezogene Mandeln
bunte Zuckerperlen
1–2 Lakritzschnecken

Für die Igel:
100 g Vollmilch-Schokolade
1 TL Kokosfett
50 g abgezogene, gestiftelte Mandeln

Den Puderzucker sieben, mit der Marzipan-Rohmasse verkneten. Daraus eine Rolle formen, in 12 Stücke schneiden. Aus jedem Stück ein Mäuschen bzw. einen Igel formen. Je 2 Mandelhälften als Ohren in jedes Mäuschen stecken, je 2 Zuckerperlen als Augen und je ein Stück Lakritzschnecke als Schwanz andrücken.

Für die Igel die Schokolade mit Kokosfett in einem kleinen Topf im Wasserbad auflösen. Die Igel auf einen Holzspieß stecken und in die Schokolade tauchen, das „Gesicht" frei lassen, auf einem Bogen Pergamentpapier trocknen lassen. Augen aus Zuckerperlen und Stacheln aus Mandelstiften hineinstecken. Einen Tropfen Schokolade auf das Schnäuzchen geben.

TIP

Mit den Tier-Motiven Kuchen oder Torten verzieren oder die Tiere als süße Überraschung beim Adventskaffee auf jedes Kaffeegedeck stellen.

NEUJAHRS-BREZEL

Für den Hefeteig:
1 Pck. Trockenhefe
125 ml (1/8 l) lauwarme Milch
1 TL Zucker
500 g Weizenmehl
50 g Zucker
1 Pck. Vanillin-Zucker
Salz
1 Ei
250 g weiche Butter, in Stücke geschnitten
Kondensmilch

Die Hefe mit der Milch und dem Zucker (1 Teelöffel) verrühren, etwa 15 Minuten gehen lassen. Das Mehl in eine Rührschüssel sieben. In die Mitte eine Vertiefung drücken. Den Zucker, Vanillin-Zucker, Salz, Ei und Butter an den Rand des Mehls geben. Die gegangene Hefe in die Vertiefung geben. Die Zutaten mit dem Handrührgerät mit Knethaken zunächst auf niedrigster, dann auf höchster Stufe in etwa 5 Minuten zu einem Teig verarbeiten. Etwas Teig zum Garnieren beiseite legen, den restlichen Teig in 3 gleich große Stücke teilen, zu Rollen formen, diese zu einem Zopf flechten und zu einer Brezel zusammenlegen, aus dem zurückgelegten Teig eine Blume formen, auf die Brezel legen, mit Kondensmilch bestreichen. Die Brezel auf ein gefettetes Backblech legen, an einem warmen Ort etwa 30 Minuten stehen lassen. Das Backblech in den Backofen schieben.

Ober-/Unterhitze:
etwa 200 °C (vorgeheizt)
Heißluft:
etwa 180 °C (nicht vorgeheizt)
Gas: Stufe 3–4 (vorgeheizt)
Backzeit: etwa 40 Minuten.

BAUMSCHMUCK AUS HONIG-LEBKUCHEN

(Etwa 25 Stück)

Für den Teig:
50 g Butter oder Margarine
125 g Honig
60 g brauner Zucker
1/2 TL Lebkuchengewürz
1 Ei, 1 TL Kakao
220 g Weizenmehl
1/2 TL Backpulver

Für den Guß:
200 g Puderzucker
1 kleines Eiweiß

Außerdem: Trinkhalme zum Ausstechen

Für den Teig Butter oder Margarine, Honig und Zucker in einem Topf langsam erwärmen und zerlassen, in eine Schüssel geben, abkühlen lassen. Die übrigen Zutaten zu der erkalteten Honigmasse geben und zu einem geschmeidigen Teig verrühren. Etwa 1 Stunde ruhen lassen. Den Teig ausrollen und nach Belieben Figuren oder Tiere ausstechen. Auf ein mit Backpapier ausgelegtes Backblech legen und mit einem nicht zu feinen Trinkhalm kleine Löcher für den Anhänger ausstechen, backen.
Ober-/Unterhitze:
etwa 180 °C (vorgeheizt)
Heißluft:
etwa 160 °C (nicht vorgeheizt)
Gas: etwa Stufe 3 (vorgeheizt)
Backzeit: etwa 10 Minuten.

Die Motive auf einem Gitter abkühlen lassen. Den Puderzucker mit verquirltem Eiweiß verrühren. Den Guß in einen Gefrierbeutel füllen, eine kleine Ecke abschneiden und die Figuren damit verzieren. Den Baumschmuck trocknen lassen und dann Bänder durch die Löcher ziehen.

KNUSPER-HÄUSCHEN

Für den Teig:
300 g Honig
75 g Zucker
2 Pck. Vanillin-Zucker
1 Ei
50 g sehr weiche Margarine
4 EL Wasser
600 g Weizenmehl
30 g Kakao
3 gestr. TL Backpulver

Zum Bestreichen und Bestreuen:
flüssige Schlagsahne
gehackte Pistazienkerne

Für den Guß:
200 g Puderzucker
Eiweiß

Zum Verzieren:
Nüsse
Süßigkeiten
Puderzucker

Für den Teig Honig, Zucker, Vanillin-Zucker, Ei, Margarine und Wasser mit dem Handrührgerät mit Rührbesen gut verrühren. Mehl mit Kakao und Backpulver mischen, sieben, 2/3 davon unterrühren, den Rest unterkneten, auf der mit Mehl bestäubten Arbeitsfläche zu einem glatten Teig verkneten. Den Teig knapp 1/2 cm dick ausrollen, zunächst die vordere und die hintere Seite des Hauses (am besten nach Papierschablone, 2 Dreiecke, Höhe 15 cm, Seitenlänge 18 cm) ausschneiden, auf ein mit Backpapier belegtes Backblech legen, mit Sahne bestreichen. Fenster, Tür und das Dach (2 Rechtecke, 15 x 18 cm) ausschneiden, auf ein mit Backpapier belegtes Backblech legen, mit Sahne bestreichen, aus einem Teil des restlichen Teiges Sterne in verschiedenen Größen ausstechen, auf das Dach legen, mit Sahne bestreichen. Das Backblech in den Backofen schieben.

Ober-/Unterhitze:
etwa 200 °C (vorgeheizt)
Heißluft:
etwa 180 °C (nicht vorgeheizt)
Gas: etwa Stufe 4 (vorgeheizt)
Backzeit: etwa 15 Minuten.

Für die Gebäckplatte einen Teil des restlichen Teiges auf einem gefetteten Backblech ausrollen, mit Sahne bestreichen, kleine Kugeln formen, als Zaun an den Rand legen. Aus dem restlichen Teig Tannenbäume, 1 Stern für den Dachfirst und Platten für den Hauseingang schneiden, mit auf das Backblech legen, mit Sahne bestreichen, Tannenbäume mit Pistazienkernen bestreuen, backen.

Für den Guß Puderzucker sieben, mit Eiweiß zu einer dickflüssigen Masse mit Handrührgerät mit Rührbesen verschlagen, Hausteile auf der Gebäckplatte zusammensetzen. Haus, Tannenbäume und Zaun mit Puderzuckerguß verzieren, nach Belieben mit Nüssen und Süßigkeiten garnieren, mit Puderzucker bestäuben.

TIP

Zur besseren Stabilität des Knusperhäuschen ist es empfehlenswert, die Gebäckplatte mit Puderzucker-Guß auf einen festen Karton zu kleben.

WEIHNACHTS-GIRLANDE

Für den Knetteig:
375 g Weizenmehl
1 gestr. TL Backpulver
175 g brauner Zucker
1 Pck. geriebene Zitronenschale
1 Ei
200 g Butter

Zum Bestreichen:
Milch

Zum Garnieren:
Kokosraspel
Korinthen
Belegkirschen

Für den Guß:
etwa 150 g gesiebter Puderzucker
2–3 EL Wasser
oder Zitronensaft
Speisefarbe

Für den Teig aus den angegebenen Zutaten mit dem Handrührgerät mit Knethaken einen Knetteig zubereiten, evtl. kalt stellen. Den Teig 1/2 cm dick ausrollen. Drei- und Rechtecke (Höhe etwa 12 cm), Ringe (Ø 12 cm) und weihnachtliche Motive ausstechen. Aus jeweils 2 flachgedrückten Teigkugeln Schneemänner formen. Auf ein mit Backpapier belegtes Backblech legen. In die obere Hälfte jedes Teigstückes 2 Löcher stechen (1– 1/2 cm vom Rand entfernt). Die Teigstücke mit Milch bestreichen, mit Kokosraspeln, Korinthen und Belegkirschen garnieren.
Ober-/Unterhitze:
180–200 °C (vorgeheizt)
Heißluft:
etwa 160–180 °C (nicht vorgeheizt)
Gas: Stufe 3–4 (vorgeheizt)
Backzeit: 15–20 Minuten.
Das Gebäck erkalten lassen. Für den Guß den Puderzucker mit Wasser oder Zitronensaft zu einer dickfüssigen Masse verrühren, einen Teil mit Speisefarbe einfärben. In kleine Gefrierbeutel füllen, diese verknoten. Von jedem Gefrierbeutel eine kleine Ecke abschneiden und die Plätzchen mit dem Guß verzieren. Nach Belieben mit Puderzucker bestäuben. Wenn der Guß fest geworden ist, die Plätzchen mit Hilfe von dicken Wollfäden zu einer Girlande aufhängen.

IGEL-FAMILIE ODER FESTTAGSHERZ

Für den Rührteig:
125 g weiche Butter
oder Margarine
75 g Zucker
1 Pck. Vanillin-Zucker
Salz
3 Eier
75 g Weizenmehl
50 g Speisestärke
2 gestr. Backpulver
15 g Kakao
75 g gemahlene Haselnußkerne
100 g geriebene Schokolade

Für die Igel-Familie:
125–150 g Zartbitter-Schokolade
etwas Kokosfett
Korinthen
etwa 50 g abgezogene, gestiftelte Mandeln

Für das Herz:
100 g Zartbitter-Schokolade
etwas Kokosfett
Zuckerblumen
1–2 EL gesiebter Puderzucker
etwas Eiweiß

Für den Teig die Butter oder Margarine mit dem Handrührgerät mit Rührbesen auf höchster Stufe in etwa 1/2 Minute geschmeidig rühren, nach und nach den Zucker, den Vanillin-Zucker und das Salz unterrühren, so lange rühren, bis eine gebundene Masse entstanden ist. Die Eier nach und nach unterrühren (jedes Ei etwa 1/2 Minute). Das Mehl mit Speisestärke, Backpulver und Kakao mischen, sieben, abwechselnd eßlöffelweise mit den Haselnußkernen und Schokolade auf mittlerer Stufe unterrühren. Den Teig in eine große und 5–6 kleine gefettete Igelformen oder in eine gefettete Herzform füllen, glattstreichen, die Formen auf dem Rost in den Backofen schieben.
Ober-/Unterhitze:
160–180 °C (vorgeheizt)
Heißluft:
140–160 °C (nicht vorgeheizt)
Gas: Stufe 2–3 (vorgeheizt)
Backzeit: etwa 1 Stunde für den großen Igel, etwa 30 Minuten für die kleinen Igel, etwa 50 Minuten für das Herz.

Igel oder Herz aus den Formen stürzen. Für die Igel-Familie die Zartbitter-Schokolade mit etwas Kokosfett in einem kleinen Topf im Wasserbad geschmeidig rühren, die Igel-Figuren damit bestreichen, als Augen und Schnauze Korinthen eindrücken, jeweils die Igel-Oberfläche dicht nebeneinander mit einem Holzstäbchen einstechen, Mandeln in die Einstiche stecken.

Für das Herz die Zartbitter Schokolade mit etwas Kokosfett in einem kleinen Topf im Wasserbad geschmeidig rühren, das Herz damit bestreichen, mit Zuckerblumen garnieren, nach Belieben Puderzucker mit etwas Eiweiß zu einem dickflüssigen Guß verrühren, in ein Pergamentpapiertütchen füllen, das Herz damit verzieren oder mit Namen, Glückwünschen beschriften.

WEIHNACHTSBAUM AUS DER FORM

(ohne Foto)

Für den Rührteig:
350 g weiche Butter
250 g Zucker
1 Pck. Vanillin-Zucker
6 Eier
1 Pck. Orangenfrucht
250 g Weizenmehl
100 g Speisestärke
2 gestr. TL Backpulver
100 g gehackte Vollmilch-Schokolade

Zum Verzieren:
150 g Puderzucker
2 EL Orangensaft
Schokoladenkugeln
Marzipanäpfel

Für den Teig die Butter oder Margarine geschmeidig rühren, Zucker, Vanillin-Zucker, Eier und Orangenfrucht nach und nach unterrühren. Mehl, Speisestärke und Backpulver mischen, sieben und portionsweise zugeben. Die Schokolade unterheben. Den Teig in eine gut gefettete und mit Semmelbröseln ausgestreute Weihnachtsbackform füllen, glattstreichen. Auf dem Rost in den Backofen schieben.
Ober-/Unterhitze:
180–200 °C (vorgeheizt)
Heißluft:
160–180 °C (nicht vorgeheizt)
Gas: Stufe 3–4 (nicht vorgeheizt)
Backzeit: 50–60 Minuten.

Das Gebäck nach etwa 10 Minuten auf einen Kuchenrost stürzen, erkalten lassen. Den gesiebten Puderzucker mit Orangensaft zu einem zähen Guß verrühren, in einen kleinen Gefrierbeutel füllen, äußere Spitze abschneiden und den Weihnachtsbaum damit verzieren. Nach Belieben mit süßen Sachen garnieren.

HEFETEIG-FIGUREN

(Für 8–10 Stutenkerle oder 8 Martinsgänse)

Für den Hefeteig:
500 g Weizenmehl
1 Pck. Trockenhefe
2 EL Zucker
1 gestr. TL Salz
1 Ei
1 Eiweiß
100 g zerlassene, abgekühlte Butter oder Margarine
gut 125 ml (1/8 l) lauwarme Milch

Zum Verzieren, Bestreichen und Bestreuen:
Rosinen oder Korinthen
1 Eigelb
1–2 EL Milch
8–10 Tonpfeifen
1–2 EL Milch
Rosinen
Hagelzucker

Für den Teig das Mehl in eine Rührschüssel sieben, mit der Hefe sorgfältig vermischen. Den Zucker, Salz, Ei, Eiweiß, Butter oder Margarine und Milch hinzufügen. Alle Zutaten mit dem Handrührgerät mit Knethaken zuerst auf niedrigster, dann auf höchster Stufe in etwa 5 Minuten zu einem glatten Teig verarbeiten. Den Teig an einem warmen Ort so lange stehen lassen, bis er sich sichtbar vergrößert hat, ihn dann auf der Arbeitsfläche nochmals gut durchkneten.
Für Stutenkerle den Teig etwa 1 cm dick ausrollen, aus Pappe eine Stutenkerl-Schablone (etwa 18 cm hoch und gut 8 cm breit) ausschneiden, auf den Teig legen. Die Stutenkerle ausschneiden, auf ein gefettetes Backblech legen, mit Teig garnieren, als Augen Rosinen oder Korinthen eindrücken. Das Eigelb mit der Milch verschlagen. Die Stutenkerle damit bestreichen. Die Tonpfeifen in die Stutenkerle drücken, sie auf ein gefettetes Backblech legen, abgedeckt nochmals etwa 20 Minuten gehen lassen. Das Backblech in den Backofen schieben.
Ober-/Unterhitze:
etwa 200 °C (vorgeheizt)
Heißluft:
etwa 180 °C (nicht vorgeheizt)
Gas: Stufe 3–4 (vorgeheizt)
Backzeit: 15–20 Minuten.
Für die Martinsgänse den Teig knapp 1 cm dick ausrollen, mit Hilfe einer Pappschablone Gänse (Körperlänge etwa 14 cm, Körperbreite etwa 10 cm und Gesamthöhe etwa 20 cm) ausschneiden. Die Gänse auf ein gefettetes Backblech legen. Das Eigelb mit der Milch verschlagen, die Gänse damit bestreichen. Rosinen als Augen eindrükken, die Gänse mit Hagelzucker bestreuen, abgedeckt an einem warmen Ort nochmals etwa 20 Minuten gehen lassen. Backtemperatur und -zeit siehe oben.

Den Engel auf einem Kuchengitter abkühlen lassen. Den Puderzucker mit dem Eiweiß glattrühren. Etwas Guß mit Speisefarbe (oder Safran) gelb einfärben, für das Engelshaar etwas gelben Guß mit einem Tropfen Rot kräftiger färben. Die Farbe mit einem feinen Pinsel auftragen. Den Flügel mit weißem Guß einpinseln und sofort mit goldenen Zuckerperlen bestreuen. Die Päckchen nach Belieben mit rotem, blauem oder weißem Guß verzieren, getrocknet mit Bändern „verschnüren".

ENGEL MIT PÄCKCHEN

(Für 2 Engel oder 15 kleinere Figuren):

Für den Lebkuchenteig:
100 g Butter oder Margarine
250 g Honig
125 g brauner Zucker
1 Pck. Lebkuchengewürz
1 Ei
400 g Weizenmehl (Type 1050)
1 TL Backpulver
100 g gemahlene Haselnüsse

Zum Verzieren:
200 g Puderzucker
1 Eiweiß
Speisefarben
goldene Zuckerperlen

Für den Teig Butter oder Margarine mit dem Honig und dem Zucker langsam erwärmen, bis sich der Zucker gelöst hat. Den Topf vom Herd nehmen und etwas abkühlen lassen. Das Lebkuchengewürz und das Ei darunterrühren.
Das Mehl und Backpulver mischen, sieben, mit den Haselnußkernen mischen, kurz mit dem Handrührgerät mit Knethaken unterkneten, dann auf der Arbeitsfläche zu einem glatten Teig verkneten. Den Teig 3–4 Stunden bei Zimmertemperatur ruhen lassen. Den Teig zwischen Folie etwa 1/2 cm dick ausrollen. Mit Hilfe einer vorher fertiggestellten Zeichnung und Schablone einen Engel ausschneiden. Auf ein mit Backpapier ausgelegtes Backblech legen. Kleine „Teigpäckchen" ausschneiden und daneben legen.
Das Backblech in den Backofen schieben.
Ober-/Unterhitze:
180–200 °C (vorgeheizt)
Heißluft:
160–180°C (nicht vorgeheizt)
Gas: Stufe 3–4 (vorgeheizt)
Backzeit: 12–15 Minuten.

WEIHNACHTS-STERN

Für den Rührteig:
200 g Butter oder Margarine
150 g Zucker
1 Pck. Vanillin-Zucker
1 Pck. Orangenfrucht
1 gestr. TL Ingwerpulver
Salz
4 Eier
225 g Weizenmehl
2 1/2 gestr. TL Backpulver
100 g gewürfeltes Zitronat (Sukkade)
100 g gewürfeltes Orangeat
75 g gewürfelte, getrocknete Aprikosen
100 g gewürfelte Belegkirschen (evtl. vor dem Schneiden abspülen)
100 g gehackte Cashewkerne

75 g Kokosraspel
Semmelbrösel

Zum Tränken:
100 ml Orangensaft
2 EL Orangenlikör

Für den Guß:
350–400 g gesiebter Puderzucker
3 EL Orangenlikör
etwa 3 EL Wasser

Zum Garnieren:
kandierte Früchte

Für den Teig die Butter oder Margarine mit dem Handrührgerät mit Rührbesen auf höchster Stufe geschmeidig rühren. Nach und nach Zucker, Vanillin-Zucker, Orangenfrucht, Ingwerpulver und Salz unterrühren. So lang rühren bis eine gebundene Masse entstanden ist. Die Eier nach und nach unterrühren (jedes Ei etwa 1/2 Minute). Das Mehl mit dem Backpulver mischen, sieben, portionsweise auf mittlerer Stufe unterrühren. Das Zitronat, Orangeat, Aprikosen, Belegkirschen, Cashewkerne und Kokosraspeln vorsichtig auf mittlerer Stufe unter den Teig rühren. Den Teig in eine gefettete, mit Semmelbröseln ausgestreute Sternform füllen. Die Form auf dem Rost in den Backofen schieben.
Ober-/Unterhitze:
180–200 °C (vorgeheizt)
Heißluft:
etwa 160 °C (nicht vorgeheizt)
Gas: Stufe 3–4 (nicht vorgeheizt)
Backzeit: etwa 60 Minuten.
Das Gebäck nach etwa 5 Minuten aus der Form auf einen Kuchenrost stürzen, erkalten lassen.

Zum Tränken Orangensaft und -likör mischen. Den Kuchen damit tränken (mit Hilfe eines Pinsels). Für den Guß Puderzucker, Likör und Wasser zu einer dickflüssigen Masse verrühren. Das Gebäck damit überziehen, mit kandierten Früchten garnieren. Den Guß fest werden lassen.

TIP

Der Weihnachtsstern ist ein besonders schönes Adventsgeschenk. Dafür den Stern in Cellouphan-Papier verpacken und mit Schleifen und Weihnachtskugeln dekorieren.

WEIHNACHTS-WICHTEL UND TANNENBÄUME

10 rote, 12 grüne, 4 beliebig farbige Papierbackförmchen

Für den Rührteig:
250 g Butter
200 g Zucker
1 Pck. Vanillin-Zucker
4 Eier (2 TL Eiweiß zurücklassen)
abgeriebene Schale von 1 Zitrone (unbehandelt)
200 g Weizenmehl
50 g Speisestärke
1 gestr. TL Backpulver
100 g abgezogene, gemahlene Mandeln

1 Glas (350 g) Sauerkirschen

Zum Verzieren:
5 rote und 3 grüne Papierbackförmchen
2–3 EL gesiebter Puderzucker

Für die Köpfe:
100 g weiße Kuvertüre
1 EL Apfelsaft
Korinthen

Zum Bestäuben:
Puderzucker

Für den Teig die Butter mit dem Handrührgerät mit Rührbesen geschmeidig rühren, nach und nach Zucker, Vanillin-Zucker, Eier und Zitronenschale unterrühren.

Das Mehl mit der Speisestärke und dem Backpulver mischen, sieben, portionsweise unterrühren, zuletzt die Mandeln unter den Teig heben. Den Teig auf die Förmchen verteilen. Auf 22 Förmchen die abgetropften Kirschen verteilen (je Förmchen etwa 5 Stück). Die Förmchen auf das Backblech geben, das Blech in den Backofen schieben.
Ober-/Unterhitze:
etwa 180 °C (vorgeheizt)
Heißluft: 160 °C (nicht vorgeheizt)
Gas: etwa Stufe 3 (nicht vorgeheizt)
Backzeit: 25–30 Minuten.
Für die Köpfe 4 Törtchen (ohne Kirschen) zerbröseln, mit aufgelöster Kuvertüre und Apfelsaft zu einer glatten Masse verkneten, evtl. etwas kalt stellen. Aus der Masse Kugeln formen, sofort Korinthen als Augen eindrücken. Die Köpfe auf die umgedrehten roten Törtchen legen. Jeweils ein 1/2 rotes Papier-Backförmchen zu einer Tüte rollen, zusammenkleben, als Mütze auf den Kopf setzen. Den Puderzucker mit dem zurückgelassenen Eiweiß verrühren, so daß ein dickflüssiger Guß entsteht. In einen Gefrierbeutel füllen, verknoten. Eine kleine Ecke abschneiden. Die Weihnachts-Wichtel mit dem Guß verzieren. Für die Tannenbäume jeweils 2 grüne Törtchen aufeinandersetzen. Jeweils 1/2 grünes Förmchen an einer Stelle einschneiden, zu einer Tüte rollen, zusammenkleben, als Spitze auf die Bäume setzen. Die Weichnachts-Wichtel und Bäume mit Puderzucker bestäuben.

TIP *Zur besseren Stabilität der Weihnachtswichtel und der Tannenbäume kann der Teig in zwei ineinander gestellte Papierförmchen gefüllt werden.*

NIKOLAUS-STIEFEL

Für den Teig:
125 g Honig
50 g Zucker
1 Pck. Vanillin-Zucker
60 g Butter
1 Eigelb
1 Msp. gemahlener Zimt
1 Msp. gemahlene Nelken
250 g Weizenmehl
2 gestr. TL Backpulver
1 gestr. EL Kakao

Für den Guß:
100 g Puderzucker
Eiweiß

Zum Verzieren:
Gebäck-Schmuck
Belegkirschen
abgezogene, halbierte Mandeln

Für den Teig den Honig mit Zucker, Vanillin-Zucker und Butter langsam erwärmen, zerlassen, in eine Rührschüssel geben, kalt stellen. Unter die fast erkaltete Masse mit dem Handrührgerät mit Rührbesen Eigelb, Zimt und Nelken rühren. Das Mehl mit Backpulver und Kakao mischen, sieben, 2/3 davon eßlöffelweise auf mittlerer Stufe unterrühren, den Rest des Mehls auf der Arbeitsfläche unterkneten. Den Teig gut 1/2 cm dick ausrollen, Stiefel von gewünschter Größe (am besten nach Papierschablone) ausschneiden, aus dem restlichen Teig Plätzchen ausstechen. Die Teigstücke auf ein gefettetes Backblech legen. Das Backblech in den Backofen schieben.
Ober-/Unterhitze:
180–200 °C (vorgeheizt)
Heißluft:
160–180 °C (nicht vorgeheizt)
Gas: Stufe 3–4 (vorgeheizt)
Backzeit: etwa 15 Minuten.
Für den Guß den Puderzucker sieben, mit so viel Eiweiß verrühren, daß eine spritzfähige Masse entsteht, die Stiefel mit dem Guß verzieren, mit Gebäck-Schmuck, Belegkirschen und Mandeln garnieren.
Die Plätzchen ebenfalls verzieren und garnieren.

Vorweihnachtliche

Klassiker Kuchen

WEIHNACHTS-KUCHEN

(Foto Seite 70/71)

Für den Rührteig:

100 g Butter oder Margarine
75 g Zucker
1 Pck. Vanillin-Zucker
2 Eier
150 g Weizenmehl
1 gestr. TL Backpulver
50 g abgezogene, gemahlene Mandeln
1–2 EL Milch
25 g gehackte Walnußkerne
1–EL gem. Mandeln

Für den Guß:

100 g Puderzucker
1–2 EL Zitronensaft

Zum Garnieren:

Süßigkeiten

Für den Teig die Butter oder Margarine geschmeidig rühren. Den Zucker, Vanillin-Zucker und Eier nach und nach unterrühren. Das Mehl mit dem Backpulver mischen, sieben. Mandeln und Milch zugeben (Teig muß schwer-reißend vom Löffel fallen). Die Walnußkerne unterheben. Den Teig in eine gut gefettete und mit gemahlenen Mandeln ausgestreute kleine Napfkuchenform (Ø 18 cm) füllen und auf dem Rost in Backofen schieben.
Ober-/Unterhitze:
180–200 °C (vorgeheizt)
Heißluft:
160–180 °C (nicht vorgeheizt)
Gas: Stufe 3–4 (nicht vorgeheizt)
Backzeit: etwa 50 Minuten.
Den Kuchen auf einen Kuchenrost stürzen, erkalten lassen.
Den gesiebten Puderzucker mit Zitronensaft zu einem dickflüssigen Guß verrühren, gleichmäßig über den Kuchen laufen lassen, mit Süßigkeiten verzieren.

HASELNUSS-KRANZ

Für den Knetteig:

300 g Weizenmehl
2 gestr. TL Backpulver
100 g Zucker
1 Pck. Vanillin-Zucker
Salz
1 Ei
2 EL Milch oder Wasser
125 g Margarine oder Butter

Für die Füllung:

200 g gemahlene Haselnußkerne
100 g Zucker
4–5 Tropfen Bittermandel-Aroma
1/2 Eigelb
1 Eiweiß
3–4 EL Wasser

Zum Bestreichen:

1/2 Eigelb
1 EL Milch

Für den Teig das Mehl und Backpulver mischen, in eine Rührschüssel sieben. Den Zucker, Vanillin-Zucker, Salz, Ei, Milch oder Wasser und Margarine oder Butter hinzufügen. Die Zutaten mit dem Handrührgerät mit Knethaken zunächst kurz auf niedrigster, dann auf höchster Stufe gut durcharbeiten. Auf der Arbeitsfläche zu einem glatten Teig verkneten, sollte er kleben, ihn eine Zeitlang kalt stellen.

Für die Füllung die Haselnußkerne mit Zucker, Bittermandel-Aroma, Eigelb, Eiweiß und Wasser zu einer geschmeidigen Masse verrühren. Den Teig zu einem Rechteck (etwa 45 x 35 cm) ausrollen. Die Nußmasse darauf streichen, den Teig von der längeren Seite her aufrollen, als Kranz auf ein gefettetes Backblech legen. Das Eigelb mit Milch verschlagen, den Kranz damit bestreichen, sternförmig einschneiden. Das Backblech in den Backofen schieben.
Ober-/Unterhitze:
180–200 °C (vorgeheizt)
Heißluft:
160–180 °C (nicht vorgeheizt)
Gas: Stufe 3–4 (vorgeheizt)
Backzeit: etwa 45 Minuten.

SCHOKOLADEN-NUSS-STREIFEN

Für den Teig:
200 g Honig
250 g Zucker
1 Pck. Vanillin-Zucker
125 g Butter
2 Eier
4–5 EL Milch
1/2 Fläschchen Zitronen-Aroma
1 gestr. TL gemahlener Zimt
1 Msp. gemahlene Nelken
2 geh. EL Kakao oder geriebene Schokolade
500 g Weizenmehl
1 Pck. Pudding-Pulver Schokolade
3 gestr. TL Backpulver
375 g Haselnußkerne
Wasser

Für den Guß:
200 g Puderzucker
1 EL Weinbrand
3 EL heiße Milch

Für den Teig den Honig mit Zukker, Vanillin-Zucker und Butter langsam erwärmen, zerlassen, in eine Rührschüssel geben, erkalten lassen. Unter die erkaltete Masse nach und nach Eier, Milch, Zitronen-Aroma, Zimt, Nelken und Kakao oder Schokolade rühren. Das Mehl mit dem Pudding-Pulver und Backpulver mischen, sieben, unterrühren. Die Haselnußkerne grob hacken, hinzufügen. Den Teig etwa 1 cm dick auf einem gefetteten Backblech glattstreichen. Einen mehrfach umgeknickten Streifen Alufolie vor den Teig legen, den Teig mit Wasser bestreichen, in den Backofen schieben.
Ober-/Unterhitze:
180–200 °C (vorgeheizt)
Heißluft:
160–180 °C (nicht vorgeheizt)
Gas: Stufe 3–4 (vorgeheizt)
Backzeit: 25–30 Minuten.
Für den Guß den Puderzucker sieben, mit Weinbrand und Milch glattrühren, so daß eine dickflüssige Masse entsteht. Die noch warme Gebäckplatte damit bestreichen.
Das erkaltete Gebäck in etwa 2 x 6 cm große Streifen schneiden.

OSTDEUTSCHER MOHNSTRUDEL

Für den Strudelteig:
250 g Weizenmehl
Salz
100 ml lauwarmes Wasser
1 kleines Ei
1 EL Speiseöl

Für die Füllung:
500 g frisch gemahlener Mohn
375 ml–500 ml (3/8–1/2 l) kochendes Wasser
100 g Zucker
3 EL Honig
1 Ei
abgeriebene Schale von 1 Zitrone (unbehandelt)

100 g verlesene Rosinen
250 g säuerliche Äpfel

Zum Bestreichen:
50 g zerlassene Butter

Zum Bestäuben:
Puderzucker

Für den Teig das Mehl in eine Rührschüssel sieben, Salz, lauwarmes Wasser, Ei und Speiseöl hinzufügen. Die Zutaten mit dem Handrührgerät mit Knethaken zunächst kurz auf niedrigster, dann auf höchster Stufe gut durcharbeiten, anschließend auf der Arbeitsfläche zu einem glatten Teig verkneten, ihn auf Pergamentpapier in einen heißen, trokkenen Kochtopf legen (vorher Wasser darin kochen), mit einem Deckel verschließen, etwa 30 Minuten ruhen lassen.
Für die Füllung den gemahlenen Mohn mit kochendem Wasser übergießen, verrühren, bis eine geschmeidige Masse entstanden ist. Den Zucker mit dem Honig, Ei, Zitronenschale und Rosinen unterrühren. Die Äpfel schälen, entkernen, grob raspeln, unter die Mohnmasse rühren. Den Strudelteig auf einem bemehlten großen Tuch dünn ausrollen, dann zu einem Rechteck von etwa 50 x 70 cm ausziehen (er muß durchsichtig sein). Die Ränder, wenn sie dicker sind, abschneiden. Auf 2/3 des Teiges die Füllung streichen (an den kürzeren Seiten etwa 3 cm Teig frei lassen). Die Teigränder über die Füllung schlagen, den Teig mit Hilfe des Tuches, mit der Füllung beginnend, aufrollen, an den Enden gut zusammendrücken. Den Strudel auf ein gefettetes Backblech legen, mit etwas von der zerlassenen Butter bestreichen, in den Backofen schieben, den Strudel während des Backens mit der restlichen Butter bestreichen.
Ober-/Unterhitze:
etwa 200 °C (vorgeheizt)
Heißluft:
etwa 180 °C (nicht vorgeheizt)
Gas: etwa Stufe 4 (vorgeheizt)
Backzeit: etwa 40–50 Minuten.
Den Puderzucker auf den erkalteten Strudel stäuben.

LUISENKUCHEN

Für den Knetteig:
250 g Weizenmehl
1 gestr. TL Backpulver
100 g Zucker
1 Pck. Vanillin-Zucker
1 Ei
125 g weiche Butter oder Margarine

Für den Rührteig:
200 g weiche Butter oder Margarine
200 g Zucker
1 Pck. Vanillin-Zucker
Salz
abgeriebene Schale von 1 Zitrone (unbehandelt)
5 Eier
200 g Weizenmehl
50 g Speisestärke
1 gestr. TL Backpulver
50 g abgezogene, gemahlene Mandeln

Für die Füllung:
5 EL Sauerkirsch- oder Schwarze Johannisbeer-Konfitüre

Zum Bestreichen:
50 g Butter
25 g Zucker
evtl. etwas Kuvertüre

Für den Knetteig das Mehl mit dem Backpulver mischen, in eine Rührschüssel sieben. Den Zucker, Vanillin-Zucker, Ei, Butter oder Margarine hinzufügen. Die Zutaten mit dem Handrührgerät mit Knethaken zunächst kurz auf niedrigster, dann auf höchster Stufe gut durcharbeiten, anschließend auf der Arbeitsfläche zu einem glatten Teig verkneten. Den Teig auf einem gefetteten Backblech ausrollen, mehrmals mit einer Gabel einstechen und hell vorbacken. Das Blech in den Backofen schieben.

Ober-/Unterhitze:
200–220 °C (vorgeheizt)
Heißluft:
180–200 °C (nicht vorgeheizt)
Gas: etwa Stufe 4 (vorgeheizt)
Backzeit: etwa 10 Minuten.

Für den Rührteig Butter oder Margarine mit dem Handrührgerät mit Rührbesen auf höchster Stufe geschmeidig rühren. Nach und nach Zucker, Vanillin-Zucker, Salz und Zitronenschale unterrühren, so lange rühren, bis eine gebundene Masse entstanden ist. Die Eier nach und nach unterrühren (jedes Ei etwa 1/2 Minute). Das Mehl mit der Speisestärke und dem Backpulver mischen, sieben, portionsweise auf mittlerer Stufe unterrühren. Die Mandeln auf mittlerer Stufe unterrühren. Für die Füllung den vorgebackenen Knetteigboden mit Sauerkirsch- oder Schwarze Johannisbeer-Konfitüre bestreichen. Den Rührteig gleichmäßig darauf verteilen und glattstreichen. Das Blech in den Backofen schieben.

Ober-/Unterhitze:
180–200 °C (vorgeheizt)
Heißluft:
160–180 °C (nicht vorgeheizt)
Gas: Stufe 3–4 (vorgeheizt)
Backzeit: etwa 25 Minuten.

Den Kuchen nach dem Backen etwas abkühlen lassen.
Zum Bestreichen die Butter zerlassen, den Kuchen damit bestreichen und mit Zucker bestreuen. Nach Belieben die Kuvertüre in einem kleinen Topf im Wasserbad bei schwacher Hitze zu einer geschmeidigen Masse verrühren. Das erkaltete Gebäck damit besprenkeln. Das Gebäck in Dreiecke, Rauten oder in Rechtecke schneiden.

TIP *In Alufolie verpackt oder in einer gut schließenden Blechdose kann das Gebäck mehrere Tage aufbewahrt werden.*

NAPOLEONS-KUCHEN

Für den Rührteig:
300 g weiche Butter
125 g Zucker
1 Fläschchen Rum-Aroma
7 Eier
150 g Weizenmehl
1 Pck. Backpulver
150 g gem. Haselnußkerne
150 g Schokoladenstreusel

Für den Teig die Butter mit dem Handrührgerät mit Rührbesen auf höchster Stufe in etwa 1/2 Minute geschmeidig rühren, nach und nach den Zucker unterrühren, so lange rühren, bis eine gebundene Masse entstanden ist.
Das Rum-Aroma und die Eier nach und nach unterrühren (jedes Ei etwa 1/2 Minute). Das Mehl mit Backpulver mischen, sieben, portionsweise auf mittlerer Stufe unterrühren. Haselnußkerne und Schokoladenstreusel auf mittlerer Stufe unterrühren, den Teig in eine gefettete Napfkuchenform füllen. Die Form auf dem Rost in den Backofen schieben.

Ober-/Unterhitze:
etwa 180 °C (vorgeheizt)
Heißluft:
etwa 160 °C (nicht vorgeheizt)
Gas: etwa Stufe 3 (vorgeheizt)
Backzeit: etwa 65 Minuten.

QUARK-SAHNE-SCHNITTEN MIT MANDARINEN

Für den Biskuitteig:
3 Eier
4–5 EL heißes Wasser
150 g Zucker
1 Pck. Vanillin-Zucker
100 g Weizenmehl
50 g Speisestärke
1 gestr. TL Backpulver

Für die Füllung:
etwa 200 g Mandarinen-spalten (Dose)
1 Pck. Gelatine gemahlen, weiß
500 g Speisequark
150 g Zucker
1 Pck. Vanillin-Zucker
2 Eigelb
abgeriebene Schale von 1/2 Zitrone (unbehandelt)
2 EL Zitronensaft
250 ml (1/4 l) Schlagsahne
2 Eiweiß

Zum Bestäuben:
Puderzucker

Für den Biskuitteig die Eier mit dem Wasser mit Handrührgerät mit Rührbesen auf höchster Stufe in 1 Minute schaumig schlagen. Den Zucker mit Vanillin-Zucker mischen, in 1 Minute einstreuen, dann noch etwa 2 Minuten schlagen. Das Mehl, Speisestärke und Backpulver mischen, die Hälfte davon auf die Eiercreme sieben, kurz auf niedrigster Stufe unterrühren, den Rest des Mehlgemisches auf die gleiche Weise unterarbeiten. Den Teig auf ein gefettetes, mit Backpapier belegtes Backblech streichen, das Papier unmittelbar vor dem Teig zu einer Falte knicken, so daß ein Rand entsteht, sofort backen.

Ober-/Unterhitze: 200–220 °C (vorgeheizt)
Heißluft: –
Gas: Stufe 3–4 (vorgeheizt)
Backzeit: 10–15 Minuten.

Den Biskuit sofort nach dem Backen auf ein mit Zucker bestreutes Küchentuch stürzen, das Backpapier mit kaltem Wasser bestreichen, vorsichtig, aber schnell abziehen. Den Biskuit quer halbieren, abkühlen lassen.

Für die Füllung die Mandarinenspalten abtropfen lassen, den Saft auffangen, 6 Eßlöffel davon abmessen. Die Gelatine in einem kleinen Topf mit dem abgemessenen Saft anrühren, 10 Minuten zum Quellen stehen lassen. Den Quark mit Zukker, Vanillin-Zucker, Eigelb, Zitronenschale und Zitronensaft verrühren. Die Gelatine unter Rühren erwärmen, bis sie gelöst, unter den Quark rühren. Sahne und Eiweiß getrennt steif schlagen, mit den Mandarinenspalten unter die Quarkmasse heben.

Die Füllung auf eine der Biskuithälften streichen, mit der anderen Hälfte bedecken (die untere Seite nach oben), leicht andrücken. Die Seiten glattstreichen, das Gebäck kalt stellen, bis es schnittfest ist, die Oberfläche des Gebäcks mit Puderzucker bestäuben, in beliebig große Schnitten schneiden.

FÜRSTEN-KUCHEN

Für den Rührteig:
200 g Marzipan-Rohmasse
250 g weiche Butter
125 g Zucker
1 Pck. Vanillin-Zucker
Salz
5 Eier
1–2 EL Weinbrand
250 g Weizenmehl
1 schwach geh. TL Backpulver
100 g feingehackte Halbbitter-Kuvertüre

Zum Aprikotieren:
3 EL Aprikosen-Konfitüre
2 EL Wasser

Zum Bestreuen:
gehobelte Haselnußkerne

ür den Teig die Marzipan-Rohnasse und Butter mit dem Handührgerät mit Rührbesen auf höchter Stufe geschmeidig rühren, nach ınd nach Zucker, Vanillin-Zucker ınd Salz unterrühren, so lange rühen, bis eine gebundene Masse enttanden ist. Die Eier nach und nach ınterrühren (jedes Ei etwa 1/2 Miıute), den Weinbrand hinzufügen. Mehl und Backpulver mischen, sieen, portionsweise auf mittlerer Stue unterrühren. Die Kuvertüre vorichtig auf mittlerer Stufe unter den Teig rühren, den Teig in eine gefettete, mit Backpapier ausgelegte Kastenform (30 x 11 cm) füllen, die Form auf dem Rost in den Backofen schieben.

Ober-/Unterhitze:
etwa 180 °C (vorgeheizt)
Heißluft:
etwa 160 °C (nicht vorgeheizt)
Gas: Stufe 2–3 (vorgeheizt)
Backzeit: 65–70 Minuten.

Zum Aprikotieren die Aprikosen-Konfitüre durch ein Sieb streichen, mit Wasser verrühren, unter Rühren aufkochen lassen, den etwas abgekühlten Kuchen damit bestreichen, mit den Haselnußkernen bestreuen.

KIRSCH-SCHOKOLADEN-KUCHEN

Für den Rührteig:
100 g weiche Butter
100 g Zucker
1 Pck. Vanillin-Zucker
2 Eier
Salz
150 g Weizenmehl
1 1/2 getr. TL Backpulver
2 1/2 gestr. EL Kakao
etwa 3 EL Milch

Für den Belag:
500 g entsteinte Sauerkirschen (aus dem Glas)
40 g Speisestärke
25 g Zucker
3 EL Kirschwasser
500 ml (1/2 l) Schlagsahne
1 Pck. Vanillin-Zucker
2 Pck. Sahnesteif
75 g Zarbitter-Schokolade

TIP *Wenn keine quadratische Backform vorhanden ist, kann der Kirsch-Schokoladen-Kuchen auch in einer runden Obstform (Ø 28-30 cm) gebacken werden.*

Für den Teig die Butter geschmeidig rühren, nach und nach Zucker, Vanillin-Zucker, Eier und Salz unterrühren. Das Mehl mit Backpulver und Kakao mischen, sieben, abwechselnd portionsweise mit der Milch unterrühren. Den Teig in eine quadratische, gefettete Obstform füllen, glattstreichen, auf dem Rost in den Backofen stellen.
Ober-/Unterhitze:
180–200 °C (vorgeheizt)
Heißluft:
160–180 °C (nicht vorgeheizt)
Gas: Stufe 3–4 (vorgeheizt)
Backzeit: etwa 25 Minuten.
Für den Belag die Sauerkirschen aus dem Glas abtropfen lassen, von dem Saft 250 ml (1/4 l) abmessen (evtl. mit Wasser ergänzen). Die Speisestärke mit 4 Eßlöffeln von dem Saft anrühren, den übrigen Saft zum Kochen bringen. Die angerührte Speisestärke unter Rühren in den von der Kochstelle genommenen Kirschsaft geben, kurz aufkochen lassen, die Kirschen unterrühren (16 Kirschen zum Garnieren zurücklassen), kalt stellen. Den Zucker mit dem Kirschwasser unter die Masse rühren, auf den Tortenboden streichen.
Die Schlagsahne 1/2 Minute schlagen, Vanillin-Zucker und Sahnesteif mischen, einstreuen, die Sahne steif schlagen. Die Schokolade in kleine Stücke brechen, in einem kleinen Topf im Wasserbad bei schwacher Hitze zu einer geschmeidigen Masse verrühren, etwas abkühlen lassen, gut 1/3 der Sahne in einen Spritzbeutel mit gezackter Tülle füllen, unter die restliche Sahne vorsichtig die lauwarme Schokolade rühren, gleichmäßig auf die Kirschen streichen, darüber ein Gitter (Linien in Abständen von etwa 6 cm) spritzen, in jedes entstandene Quadrat einen Tuff spritzen, darauf eine Kirsche setzen.

REHRÜCKEN

Für den Rührteig:
100 g weiche Butter
150 g Zucker
1 Pck. Vanillin-Zucker
Salz, 3–4 Eier
50 g Weizenmehl
2 Pck. Schokoladen-Pudding-Pulver
2 gestr. TL Backpulver
2 EL Milch
100 g geriebene Schokolade
75 g abgezogene, gemahlene Mandeln

Für den Guß:
100 g Zartbitter-Schokolade
etwas Kokosfett

Zum Garnieren:
Mandelstifte

Für den Teig die Butter mit dem Handrührgerät mit Rührbesen auf höchster Stufe in etwa 1/2 Minute geschmeidig rühren. Nach und nach Zucker, Vanillin-Zucker und Salz unterrühren. So lange rühren, bis eine gebundene Masse entstanden ist. Die Eier nach und nach unterrühren (jedes Ei etwa 1/2 Minute). Das Mehl mit Schokoladen-Pudding-Pulver und Backpulver mischen und sieben. Abwechselnd eßlöffelweise mit Milch auf mittlerer Stufe unterrühren (nur so viel Milch verwenden, daß der Teig schwer reißend vom Löffel fällt). Zuletzt die Schokolade und die Mandeln unter den Teig rühren und in eine gefettete Rehrückenform füllen. Die Form auf dem Rost in den Backofen schieben.

Ober-/Unterhitze:
170–190 °C (vorgeheizt)
Heißluft:
150–170 °C (nicht vorgeheizt)
Gas: Stufe 2–3 (vorgeheizt)
Backzeit: 50–60 Minuten.

Für den Guß die Schokolade in kleine Stücke brechen und mit etwas Kokosfett in einem kleinen Topf im Wasserbad bei schwacher Hitze zu einer geschmeidigen Masse verrühren. Den erkalteten Kuchen damit überziehen. Mit einem Holzstäbchen Löcher vorstechen, die Mandelstifte hineinstecken.

MARMOR-KUCHEN

Für den Rührteig:
300 g weiche Butter oder Margarine
275 g Zucker
1 Pck. Vanillin-Zucker
1 Fläschchen Rum-Aroma
Salz
5 Eier
375 g Weizenmehl
4 gestr. TL Backpulver
etwa 3 EL Milch
20 g Kakao
20 g Zucker
2–3 EL Milch

Zum Bestäuben:
Puderzucker

Für den Teig die Butter oder Margarine mit dem Handrührgerät mit Rührbesen auf höchster Stufe geschmeidig rühren, nach und nach Zucker, Vanillin-Zucker, Rum-Aroma und Salz unterrühren, so lange rühren, bis eine gebundene Masse entstanden ist. Die Eier nach und nach unterrühren (jedes Ei etwa 1/2 Minute). Das Mehl mit dem Backpulver mischen, sieben, abwechselnd portionsweise mit Milch auf mittlerer Stufe unterrühren (nur so viel Milch verwenden, daß der Teig schwer-reißend von einem Löffel fällt). 2/3 des Teiges in eine gefettete Napfkuchenform (Ø etwa 24 cm) füllen. Den Kakao sieben, mit Zucker und Milch unter den Rest des Teiges rühren, so daß er wieder schwer-reißend vom Löffel fällt. Den dunklen Teig auf dem hellen Teig verteilen, mit einer Gabel spiralförmig durch die Teigschichten ziehen, damit ein Marmormuster entsteht. Die Form auf dem Rost in den Backofen schieben.
Ober-/Unterhitze:
180–200 °C (vorgeheizt)
Heißluft:
160–180 °C (nicht vorgeheizt)
Gas: Stufe 3–4 (nicht vorgeheizt)
Backzeit: 50–65 Minuten.
Den erkalteten Kuchen mit Puderzucker bestäuben.

ANANAS-MARZIPAN-KUCHEN

(ohne Foto)

Für den Teig:
200 g Marzipan-Rohmasse
175 g weiche Margarine oder Butter
175 g Zucker
1 Pck. Vanillin-Zucker
Salz, 3 Eier
300 g Weizenmehl
2 gestr. TL Backpulver
3 Ananasscheiben (etwa 200 g, aus der Dose)

Für den Guß:
100 g Zartbitter-Schokolade
etwas Kokosfett

Zum Garnieren:
Ananasstücke

Für den Teig die Marzipan-Rohmasse mit dem Handrührgerät mit Rührbesen gut verrühren. Margarine oder Butter hinzufügen. Alles zu einer geschmeidigen Masse verrühren. Nach und nach Zucker, Vanillin-Zucker und Salz unterrühren. So lange rühren, bis eine gebundene Masse entstanden ist. Danach die Eier unterrühren (jedes Ei etwa 1/2 Minute). Das Mehl mit dem Backpulver mischen, sieben und portionsweise auf niedrigster Stufe unterrühren. Die Ananasscheiben gut abtropfen lassen und in kleine Stücke schneiden. Vorsichtig auf

nittlerer Stufe unter den Teig rühen. Den Teig in eine gefettete, mit Papier ausgelegte Kastenform 30 x 11 cm) füllen. Die Form auf lem Rost in den Backofen schieben.
Ober-/Unterhitze:
180–200 °C (vorgeheizt)
Heißluft:
160–180 °C (nicht vorgeheizt)
Gas: 3–4 (nicht vorgeheizt)
Backzeit: 60–70 Minuten.
Für den Guß die Schokolade in kleine Stücke brechen. Mit etwas Kokosfett in einem kleinen Topf im Wasserbad bei schwacher Hitze zu einer geschmeidigen Masse verrühren. Den erkalteten Kuchen damit überziehen, mit Ananasstücken garnieren.

KIRSCH-STERNKUCHEN

Für den Knetteig:
300 g Weizenmehl
2 gestr. TL Backpulver
1 Eiweiß, 100 g Zucker
1 Pck. Vanillin-Zucker
Salz
150 g kalte Butter

Für die Kirschfüllung:
1 Glas (350 g) Sauerkirschen
30 g Speisestärke
Saft von 1 Zitrone
2 EL Zucker
250 ml (1/4 l) Kirschsaft

1 Eigelb
1 TL Schlagsahne
1 EL Zucker

Für den Teig das Mehl mit dem Backpulver mischen, in eine Rührschüssel sieben. In die Mitte eine Mulde drücken. Das Eiweiß, Zukker, Vanillin-Zucker und Salz hineingeben. Zum Schluß die Butter in Flöckchen auf den Mehlrand setzen. Die Zutaten mit dem Handrührgerät mit Knethaken zunächst kurz auf niedrigster, dann auf höchster Stufe gut durcharbeiten, anschließend auf der Arbeitsfläche zu einem glatten Teig verkneten. Den Teig mindestens eine halbe Stunde ruhen lassen. Mit 2/3 des Teiges eine am Boden gefettete Springform (Ø 26 cm) auslegen, am Rand 2–3 cm hochdrücken. Für die Füllung die Kirschen abtropfen lassen. 2 Eßlöffel Saft abnehmen, mit der Speisestärke verrühren. Den Kirschsaft mit dem Zucker und Zitronensaft zum Kochen bringen. Die angerührte Speisestärke einrühren und aufkochen lassen. Die abgetropften Kirschen mit einem Kochlöffel darunterheben. Den Teig im Backofen vorbacken.
Ober-/Unterhitze:
etwa 220 °C (vorgeheizt)
Heißluft:
etwa 200 °C (nicht vorgheizt)
Gas: Stufe 4–5 (vorgeheizt)
Backzeit: 6 Minuten.
Die Kirschen einfüllen. Aus dem restlichen Teig kleine und große Sterne ausstechen und auf die Kirschfüllung legen. Die Sterne mit dem verquirltem Eigelb und Sahne einpinseln, leicht mit Zucker bestreuen. Wieder in den Backofen schieben und 20–30 Minuten bei gleicher Temperatur weiterbacken.

TIP *Damit die Kirschfüllung den Teigboden nicht zu sehr aufweicht, können Sie nach dem Vorbacken Oblaten für Obstkuchen auflegen. Oder: den Teigboden mit gemahlenen Nüssen oder Semmelbröseln bestreuen.*

MAKRONEN-KUCHEN

Für den Knetteig:
200 g Weizenmehl
50 g Zucker
1 Pck. Vanillin-Zucker
2 Eigelb
1 EL Crème fraîche
100 g weiche Butter

Zum Bestreichen:
2 EL Aprikosen-Konfitüre

Für die Makronenmasse:
4 Eiweiß, 200 g Zucker
300 g nicht abgezogene, gemahlene Mandeln

Zum Garnieren:
abgezogene Mandeln

Für den Teig das Mehl in eine Rührschüssel sieben. Die übrigen Zutaten hinzufügen, mit dem Handrührgerät mit Knethaken kurz auf niedrigster, dann auf höchster Stufe gut durcharbeiten. Den Teig anschließend auf der Arbeitsfläche zu einem glatten Teig verkneten. 2/3 des Teiges auf dem gefetteten Boden einer Springform (Ø 28 cm) ausrollen. Den restlichen Teig zu einer Rolle formen, als Rand auf den Boden legen, so an die Form drücken, daß ein 2 cm hoher Rand entsteht. Den Teigboden mehrmals mit einer Gabel einstechen, hellgelb vorbacken.

Ober-/Unterhitze:
200–220 °C (vorgeheizt)
Heißluft:
180–200 °C (nicht vorgeheizt)
Gas: Stufe 3–4 (vorgeheizt)
Backzeit: 10–15 Minuten.

Den Boden mit der verrührten Aprikosen-Konfitüre bestreichen. Für die Makronenmasse das Eiweiß mit dem Handrührgerät mit Rührbesen so steif schlagen, daß ein Messerschnitt sichtbar bleibt. Nach und nach den Zucker unterrühren (nicht zu lange, Masse wird sonst wieder weich). Die Mandeln vorsichtig unterheben. Die Masse mit Hilfe von 2 Eßlöffeln kreisförmig auf die Konfitüre setzen. Auf jedes Häufchen 1 Mandel legen.

Ober-/Unterhitze:
150–170 °C (vorgeheizt)
Heißluft:
etwa 130 °C (nicht vorgeheizt)
Gas: Stufe 2–3 (vorgeheizt)
Backzeit: 60–75 Minuten.

HERREN-SCHOKOLADEN KUCHEN

Für den Rührteig:
125 g verlesene Korinthen
4 EL Rum
100 g abgezogene, gemahlene Mandeln
250 g weiche Butter oder Margarine
250 g Zucker
1 Pck. Vanillin-Zucker
Salz
4 Eier
200 g Weizenmehl
50 g Speisestärke
15 g Kakao
1 gestr. TL Backpulver
75 g abgezogene, gehackte Mandeln

Zum Verzieren:
Puderzucker

Die Korinthen in dem Rum einige Stunden einweichen. Die Mandeln ohne Fett in einer Pfanne rösten, erkalten lassen. Für den Teig Butter oder Margarine mit dem Handrührgerät mit Rührbesen auf höchster Stufe in etwa 1/2 Minute geschmeidig rühren, nach und nach den Zucker, Vanillin-Zucker und Salz unterrühren, so lange rühren, bis eine gebundene Masse entstanden ist. Die Eier nach und nach unterrühren (jedes Ei etwa 1/2 Minute). Das Mehl mit Speisestärke, Kakao und Backpulver mischen, sieben, eßlöffelweise auf mittlerer Stufe unterrühren. Die gehackten Mandeln mit den gerösteten Mandeln und Korinthen vorsichtig auf mittlerer Stufe unter den Teig rühren, ihn in die gefettete, mit Backpapier ausgelegte Kastenform (30 x 11 cm) füllen, die Form auf dem Rost in den Backofen schieben.

Ober-/Unterhitze:
etwa 180 °C (vorgeheizt)
Heißluft:
etwa 160 °C (nicht vorgeheizt)
Gas: Stufe 2–3 (vorgeheizt)
Backzeit: 65–85 Minuten.

Den erkalteten Kuchen mit Puderzucker bestäuben.

TIP *Der Herren-Schokoladen-Kuchen kann sehr gut eingefroren werden. Allerdings sollte er erst nach dem Auftauen mit Puderzucker bestäubt werden*

ORANGEN-KUCHEN

Für den Rührteig:
375 g Butter oder Margarine
300 g Zucker
2 Pck. Vanillin-Zucker
6 Eier, abgeriebene Schale von 1 Orange (unbehandelt)
1 EL Orangensaft
250 g Weizenmehl
125 g Speisestärke
2 gestr. TL Backpulver
75 g abgezogene, gemahlene Mandeln

Für den Guß:
200 g gesiebter Puderzucker
1 EL Zitronensaft
2–3 EL Orangensaft

Für den Teig die Butter oder Margarine mit dem Handrührgerät mit Rührbesen geschmeidig rühren. Nach und nach Zucker, Vanillin-Zucker, Eier, Orangenschale und Orangensaft hinzugeben. Das Mehl mit Speisestärke und Backpulver mischen, sieben, unterrühren, zuletzt die Mandeln unterheben. Den Teig in eine gefettete Napfkuchenform füllen.

Ober-/Unterhitze:
160–180 °C (vorgeheizt)
Heißluft:
140–160 °C (nicht vorgeheizt)
Gas: Stufe 2–3 (nicht vorgeheizt)
Backzeit: 75–85 Minuten.

Für den Guß den Puderzucker mit Zitronen- und Orangensaft dickflüssig verrühren. Den erkalteten Kuchen damit überziehen.

SAFTIGER MOHNKUCHEN

Für den Knetteig:
375 g Weizenmehl
3 gestr. TL Backpulver
75 g Zucker
1 Pck. Vanillin-Zucker
2 Eier
175 g kalte Butter

Für den Belag:
350–400 g Pflaumenmus
625 g gemahlener Mohn
500 ml (1/2 l) Wasser
375 ml (3/8 l) Schlagsahne
3–4 geh. EL Honig
1 TL gemahlener Zimt
3 Tropfen Bittermandel-Aroma
125 g Rosinen
2 Eier
15 mittelgroße Äpfel

Zum Aprikotieren:
3 EL Aprikosen-Konfitüre
1–2 EL Rum

Für den Teig das Mehl mit dem Backpulver mischen, auf die Arbeitsfläche sieben, in die Mitte eine Vertiefung eindrücken. Den Zucker, Vanillin-Zucker und die Eier hineingeben, mit einem Teil des Mehls zu einem dicken Brei verarbeiten. Die kalte Butter in kleine Stücke schneiden, auf den Brei geben, mit Mehl bedecken, von der Mitte aus alle Zutaten schnell zu einem glatten Teig verkneten. Den Teig auf einem gefetteten Backblech ausrollen.

Für den Belag das Pflaumenmus auf den Teig geben, gleichmäßig verstreichen. Den gemahlenen Mohn mit Wasser, Schlagsahne, Honig, Zimt und Bittermandel-Aroma verrühren, zum Kochen bringen, von der Kochstelle nehmen. Die Rosinen hinzufügen, etwas abkühlen lassen, dann die Eier unterrühren. Die Masse auf das Pflaumenmus streichen. Die Äpfel schälen, längs halbieren, entkernen, die gewölbte Oberfläche der Äpfel mehrmals der Länge nach einschneiden, die Apfelhälften auf die Mohnmasse legen. Das Backblech in den Backofen schieben.

Ober-/Unterhitze:
180–200 °C (vorgeheizt)
Heißluft:
160–180 °C (nicht vorgeheizt)
Gas: Stufe 3–4 (nicht vorgeheizt)
Backzeit: 45–50 Minuten.

Zum Aprikotieren die Konfitüre durch ein Sieb streichen, mit dem Rum aufkochen. Die Äpfel damit bestreichen.

Spritzbeutel (weite Sterntülle) füllen und auf gefettete Pergamentpapiere (etwa 10 x 10 cm groß) in Form von Kränzen spritzen. Durch Eintauchen der Papiere in siedendes Butterschmalz oder Öl die Kränzchen lösen und schwimmend auf beiden Seiten hellbraun backen. Mit einem Schaumlöffel herausnehmen und auf einem Kuchenrost abtropfen lassen. Für den Guß den Puderzucker sieben und mit Zitronensaft und dem Wasser glattrühren, so daß eine dickflüssige Masse entsteht. Das Gebäck damit überziehen.

EBERSWALDER SPRITZKUCHEN

Für den Brandteig:
250 ml (1/4 l) Wasser
50 g Butter oder Margarine
150 g Weizenmehl
30 g Speisestärke
25 g Zucker
1 Pck. Vanillin-Zucker
4–6 Eier
1 gestr. TL Backpulver

Butterschmalz oder Speiseöl zum Ausbacken

Für den Guß:
200 g Puderzucker
2 EL Zitronensaft
etwa 2 EL heißes Wasser

Für den Teig das Wasser mit der Butter am besten in einem Stieltopf zum Kochen bringen. Das Mehl und Speisestärke mischen, sieben und auf einmal in die von der Kochstelle genommene Flüssigkeit schütten. Zu einem glatten Kloß rühren, unter Rühren etwa 1 Minute erhitzen. Den heißen Kloß sofort in eine Rührschüssel geben und nach und nach Zucker, Vanillin-Zucker und die Eier mit dem Handrührgerät mit Knethaken auf höchster Stufe unterarbeiten. Weitere Eizugabe erübrigt sich, wenn der Teig stark glänzt und so von einem Löffel abreißt, daß lange Spitzen hängenbleiben. Das Backpulver in den erkalteten Teig einarbeiten. Ihn in einen

APFEL-MOHNKUCHEN

Für den Knetteig:
200 g Weizenmehl
1 gestr. TL Backpulver
125 g Zucker
1 Pck.Vanillin-Zucker
Salz
1/2 Eigelb
1 Eiweiß
125 g weiche Butter
150 g gemahlene, leicht geröstete Haselnußkerne

Für die Mohn-Füllung:
250 g frisch gemahlener Mohn
150 ml heiße Milch
50 g Butter
1 Pck. Saucen-Pulver Vanille-Geschmack
125 g Zucker
1 Ei

Für die Apfel-Füllung:
etwa 1 kg Äpfel
(z. B. Boskop)
75 g Zucker
1 Msp. gemahlener Zimt

1/2 Eigelb
1 TL Milch

Für den Teig das Mehl mit Backpulver mischen, in eine Rührschüssel sieben. Den Zucker, Vanillin-Zucker, Salz, Eigelb, Eiweiß und Butter hinzufügen. Die Zutaten mit dem Handrührgerät mit Knethaken zunächst kurz auf niedrigster, dann auf höchster Stufe gut durcharbeiten, zuletzt die Haselnußkerne unterkneten. Den Teig auf der Arbeitsfläche gut verkneten, sollte er kleben, ihn eine Zeitlang kalt stellen.
Für die Mohn-Füllung den Mohn mit Milch und Butter gut verrühren, etwa 15 Minuten zum Quellen stehen lassen, kalt stellen.
Für die Apfel-Füllung die Äpfel schälen, vierteln, entkernen, in sehr kleine Stücke schneiden, mit Zucker und Zimt unter Rühren leicht dünsten lassen, kalt stellen. Knapp 1/3 des Teiges dünn ausrollen, mit einer runden, gezackten Form (Ø etwa 3 cm) Plätzchen ausstechen, beiseite legen. Gut die Hälfte des restlichen Teiges auf dem gefetteten Boden einer Springform (Ø etwa 28 cm) ausrollen, den Rest des Teiges zu einer Rolle formen, sie als Rand auf den Teigboden legen, so an die Form drücken, daß ein etwa 3 cm hoher Rand entsteht. Unter die abgekühlte Mohnmasse das Saucen-Pulver, Zucker und Ei rühren, auf den Teigboden streichen, die erkaltete Apfel-Füllung gleichmäßig darauf verteilen, mit den Teigplätzchen belegen. Das Eigelb mit Milch verschlagen, die Teigplätzchen damit bestreichen, die Form auf dem Rost in den Backofen schieben.

Ober-/Unterhitze:
180–200 °C (vorgeheizt)
Heißluft:
160–180 °C (nicht vorgeheizt)
Gas: Stufe 3–4 (vorgeheizt)
Backzeit: etwa 40 Minuten.

TIP *Anstatt der Rosettenplätzchen Sterne oder andere weihnachtliche Motive ausstechen und auf die Apfelfüllung legen.*

RODONKUCHEN

Für den Rührteig:
250 g Butter oder Margarine
200 g Zucker
1 Pck. Vanillin-Zucker
Salz, 5 Eier
500 g Weizenmehl
4 gestr. TL Backpulver
gut 125 ml (1/8 l) Milch
150 g Korinthen
150 g Rosinen

Nach Belieben für den Guß:
200 g Puderzucker
30 g Kakao
etwa 3 EL heißes Wasser
25 g Kokosfett

Für den Teig Butter oder Margarine mit dem Handrührgerät mit Rührbesen auf höchster Stufe in etwa 1/2 Minute geschmeidig rühren. Nach und nach Zucker, Vanillin-Zucker und Salz unterrühren, so lange rühren, bis eine gebundene Masse entstanden ist. Die Eier nach und nach unterrühren (jedes Ei etwa 1/2 Minute). Das Mehl mit dem Backpulver mischen, sieben, abwechselnd portionsweise mit der Milch auf mittlerer Stufe unterrühren (nur so viel Milch verwenden, daß der Teig schwer-reißend von einem Löffel fällt). Korinthen und Rosinen verlesen, vorsichtig unter den Teig heben, ihn in eine gefettete Napfkuchenform (Ø 24 cm) füllen. Die Form auf dem Rost in den Backofen schieben.

Ober-/Unterhitze:
180–200 °C (vorgeheizt)
Heißluft:
160–170 °C (nicht vorgeheizt)
Gas: etwa Stufe 3 (nicht vorgeheizt)
Backzeit: 50–60 Minuten.

Für den Guß nach Belieben den Puderzucker mit dem Kakao mischen, sieben, mit dem heißen Wasser glattrühren, so daß eine dickflüssige Masse entsteht. Das Kokosfett zerlassen, unterrühren. Den erkalteten Kuchen mit dem Guß überziehen.

NOUGAT-BISKUITROLLE

Für den Biskuitteig:
4 Eier
4 EL heißes Wasser
125 g Zucker
1 Pck. Vanillin-Zucker
Salz
50 g Weizenmehl
50 g Speisestärke
75 g gemahlene Mandeln

Für die Füllung:
200 g Nuß-Nougat-Masse
2 Becher (400 ml) Schlagsahne
2 Pck. Sahnesteif

Für den Belag:
150 g Aprikosen-Konfitüre
200–300 g Zartbitter-Kuvertüre
50 g Marzipan-Rohmasse
30 g Puderzucker
Silberperlen

Für den Teig die Eier trennen. Das Eiweiß mit dem Wasser mit dem Handrührgerät mit Rührbesen steif schlagen. Den Zucker mit Vanillin-Zucker und Salz unterrühren. Das Eigelb verschlagen und unterrühren. Das Mehl mit der Speisestärke vermischen, sieben, mit den Mandeln unterheben. Den Teig auf ein mit Backpapier belegtes Backblech streichen, in den Backofen schieben.
Ober-/Unterhitze:
etwa 180 °C (vorgeheizt)
Heißluft: –
Gas: etwa Stufe 3 (vorgeheizt)
Backzeit: 15–20 Minuten.

Die Gebäckplatte auf ein feuchtes Geschirrtuch stürzen, das Backpapier abziehen. Mit dem Tuch einrollen, auskühlen lassen. Für die Füllung die Nuß-Nougat-Masse im Wasserbad dickflüssig werden lassen. Die Sahne mit dem Sahnesteif steif schlagen, unter die abgekühlte Nuß-Nougat-Masse ziehen. Die Gebäckrolle auseinanderrollen, mit der Füllung bestreichen und wieder aufrollen. Für den Belag die Konfitüre aufkochen, glattrühren, durch ein Sieb streichen. Die Biskuitrolle damit bestreichen, im Kühlschrank trocknen lassen. Die Kuvertüre im Wasserbad schmelzen lassen. Die Biskuitrolle damit überziehen. Die Marzipan-Rohmasse und 25 g Puderzucker verkneten und auf dem restlichen Puderzucker ausrollen. Sterne in verschiedenen Größen ausstechen. Die Biskuitrolle mit den Sternen und den Perlen verzieren.

GEROLLTE SCHNITTEN

Für den Quark-Öl-Teig:
300 g Weizenmehl
1 Pck. Backpulver
150 g Speisequark
6 EL Milch
6 EL Speiseöl
75 g Zucker
Salz

Für die Füllung:
100 g weiche Butter
200 g Marzipan–Rohmasse
250 g Rosinen
100 g Haselnußkerne, gehackt
75 g Zitronat (Sukkade), fein gewürfelt
1 Pck. Vanillin-Zucker
1 Fläschchen Rum-Aroma
1 Msp. gemahlener Zimt

Zum Bestreichen:
Milch

Für den Guß:
125 g Puderzucker
2–3 EL Orangensaft

Für den Teig das Mehl mit dem Backpulver mischen und in eine Rührschüssel sieben. Den Speisequark, Milch, Speiseöl, Zucker, Vanillin-Zucker und Salz hinzufügen. Die Zutaten mit dem Handrührgerät mit Knethaken auf höchster Stufe etwa 1 Minute verarbeiten. Anschließend auf der Arbeitsfläche zu einer Rolle formen.
Den Teig zu einem Rechteck (60 x 30 cm) ausrollen.
Für die Füllung die Butter mit der Marzipan-Rohmasse gut verrühren. Den Teig mit der Marzipan-Butter-Masse bestreichen. Die Rosinen verlesen, mit den Haselnußkernen, Zitronat, Vanillin-Zucker, Rum-Aroma und Zimt mischen. Auf der bestrichenen Platte verteilen und etwas andrücken. Den Teig in der Mitte durchschneiden, so daß 2 Vierecke (30 x 30 cm) entstehen. Jedes Teigstück für sich aufrollen, beide nebeneinander auf ein gefettetes Backblech legen. Die Rollen der Länge nach (etwa 25 cm) etwa 2 cm tief einschneiden, mit Milch bestreichen. Das Backblech in den Backofen schieben.
Ober-/Unterhitze:
180–200 °C (vorgeheizt)
Heißluft:
160–180 °C (nicht vorgeheizt)
Gas: 3–4 (vorgeheizt)
Backzeit: 20–35 Minuten.
Für den Guß den Puderzucker sieben, mit Orangensaft glatt rühren, so daß eine dickflüssige Masse entsteht. Das Gebäck nach dem Backen sofort damit bestreichen.

ZIGEUNER-SCHNITTEN

Für den Rührteig:
250 g weiche Butter
250 g Zucker
1 Pck. Vanillin-Zucker
1 TL gemahlener Zimt
1 Msp. gemahlene Nelken
1 Msp. gemahlener Piment
Salz
4 Eier
250 g Weizenmehl
30 g Kakao
3 gestr. TL Backpulver
200 g gemahlene Haselnußkerne
150 g verlesene Korinthen
150 g gewürfeltes Zitronat (Sukkade)
150 g gewürfeltes Orangeat

Zum Verzieren:
100 g Puderzucker
etwas Wasser
1 Prise gemahlener Zimt
1 gestr. TL Kakao

Für den Teig die Butter mit dem Handrührgerät mit Rührbesen geschmeidig rühren. Nach und nach Zucker, Vanillin-Zucker, Gewürze und Salz hinzufügen. So lange rühren, bis eine gebundene Masse entstanden ist. Die Eier nach und nach unterrühren (jedes Ei etwa 1/2 Minute). Mehl, Kakao und Backpulver mischen, sieben, portionsweise auf mittlerer Stufe unterrühren. Zuletzt Haselnußkerne, Korinthen, Zitronat und Orangeat vorsichtig unterrühren. Den Teig auf ein gefettetes Backblech geben, glattstreichen. Vor den Teig einen mehrfach geknickten Streifen Alufolie legen. Das Blech in den Backofen schieben.

Ober-/Unterhitze:
etwa 170 °C (vorgeheizt)
Heißluft:
etwa 150 °C (nicht vorgeheizt)
Gas: Stufe 3–4 (vorgeheizt)
Backzeit: etwa 20 Minuten.

Das Gebäck erkalten lassen, mit einem scharfen Messer in Quadrate (etwa 4 x 4 cm) schneiden. Zum Verzieren den Puderzucker sieben, mit etwas Wasser zu einer dickflüssigen Masse verrühren. Die Hälfte davon in ein Papierspritztütchen füllen. Unter die andere Hälfte Zimt und Kakao rühren, ebenfalls in ein Spritztütchen füllen.
Auf dem Gebäck abwechselnd mit weißem und braunem Guß Streifen ziehen. Geschnittene Stücke vorsichtig nachschneiden. Den Guß fest werden lassen.

KAISERKUCHEN

Für den Knetteig:
300 g Weizenmehl
2 gestr. TL Backpulver
100 g Zucker
1 Pck. Vanillin-Zucker
1 Ei
2 EL Milch oder Wasser
125 g weiche Butter oder Margarine

Für den Biskuitteig:
6 Eier
200 g Zucker
1 Pck. Vanillin-Zucker
1 Fläschchen Arrak- oder Rum-Aroma
250 g Weizenmehl
1 gestr. TL Backpulver
100 g abgezogene, gehackte Mandeln
150–200 g verlesene Rosinen
100 g gewürfeltes Zitronat (Sukkade)
125 g zerlassene, abgekühlte Butter

Für den Knetteig das Mehl und Backpulver mischen, in eine Rührschüssel sieben. Den Zucker, Vanillin-Zucker, Milch oder Wasser und Butter oder Margarine hinzufügen. Die Zutaten mit dem Handrührgerät mit Knethaken zunächst kurz auf niedrigster, dann auf höchster Stufe gut durcharbeiten, anschließend auf der Arbeitsfläche zu einem glatten Teig verkneten, sollte er kleben, ihn eine Zeitlang kalt stellen. Gut 1/3 des Teiges auf dem Boden einer gefetteten Springform (Ø etwa 28 cm) ausrollen, aus gut der Hälfte des restlichen Teiges eine Platte in der Größe der Springform ausrollen, daraus 16–20 gleichmäßig breite Streifen rädern, aus dem Rest des Teiges eine Rolle formen, sie als Rand auf den Boden legen, so an die Form drücken, daß ein gut 3 cm hoher Rand entsteht.
Für den Biskuitteig die Eier mit dem Handrührgerät mit Rührbesen auf höchster Stufe in 1 Minute schaumig schlagen. Den Zucker mit Vanillin-Zucker mischen, in 1 Minute einstreuen, dann noch etwa 2 Minuten schlagen, das Aroma unterrühren. Das Mehl und Backpulver mischen, die Hälfte davon auf die Eiercreme sieben, kurz auf niedrigster Stufe unterrühren, den Rest des Mehlgemisches auf dieselbe Weise unterarbeiten. Zuletzt Mandeln, Rosinen und Zitronat unterheben, dabei nach und nach die Butter unterziehen, in die mit Knetteig ausgelegte Springform füllen, glattstreichen, die Teigstreifen gitterförmig darauf legen. Die Form auf dem Rost in den Backofen schieben.
Ober-/Unterhitze:
etwa 180 °C (vorgeheizt)
Heißluft:
etwa 160 °C (nicht vorgeheizt)
Gas: 2–3 (nicht vorgeheizt)
Backzeit: 65–80 Minuten.

KARTOFFELWAFFELN MIT FRÜCHTEN UND SAHNE

Für den Rührteig:
300 g weiche Margarine

225 g Zucker
2 Pck. Vanillin-Zucker
Salz
5 Eigelb
250 g durchgepreßte Pellkartoffeln (vom Vortag)
375 g Weizenmehl
2 gestr. TL Backpulver
200 g flüssige Schlagsahne
3 EL Milch, 5 Eiweiß

Zum Bestäuben:
Puderzucker

Für den Teig die Margarine mit dem Handrührgerät mit Rührbesen geschmeidig rühren. Nach und nach Zucker, Vanillin-Zucker und Salz unterrühren. So lange rühren, bis eine gebundene Masse entstanden ist. Nach und nach Eigelb und Kartoffeln unterrühren. Mehl und Backpulver mischen, portionsweise auf mittlerer Stufe unterrühren. Zuletzt Sahne und Milch unterrühren. Das zu steifem Schnee geschlagene Eiweiß unterheben. Den Teig in nicht zu großen Portionen in das erhitzte, gefettete Waffeleisen füllen, sofort gut verstreichen. Die Waffeln goldbraun backen, einzeln auf einem Kuchenrost etwas abkühlen lassen, mit Puderzucker bestäuben.
Beigabe: Schlagsahne, Früchte oder Kompott.

RUSSISCHER ZUPFKUCHEN

Für den Knetteig:
375 g Weizenmehl
40 g Kakaopulver
3 gest. TL Backpulver
200 g Zucker
1 Pck. Vanillin-Zucker
1 Ei
200 g Margarine oder Butter

Für die Füllung:
500 g Speisequark
200 g Zucker
1 Pck. Vanillin-Zucker
3 Eier
1 Pck. Pudding-Pulver Vanille-Geschmack
250 g zerlassene, abgekühlte Butter

Für den Teig das Mehl, Kakaopulver und Backpulver mischen, in eine Rührschüssel sieben. Den Zucker, Vanillin-Zucker, Ei und Margarine oder Butter hinzufügen. Die Zutaten mit dem Handrührgerät mit Knethaken zunächst kurz auf niedrigster, dann auf höchster Stufe gut durcharbeiten, anschließend auf der Arbeitsfläche zu einem glatten Teig verkneten, sollte er kleben, ihn eine Zeitlang kalt stellen. Die Hälfte des Teiges auf einem gefetteten Springformboden (Ø 28 cm) ausrollen.
Für die Füllung den Speisequark, Zucker, Vanillin-Zucker, Eier, Pudding-Pulver und Butter zu einer einheitlichen Masse verrühren, in die Form geben, glattstreichen. Den restlichen Teig in kleine Stücke „zupfen", auf der Füllung verteilen. Die Form auf dem Rost in den Backofen schieben.
Ober-/Unterhitze:
etwa 170 °C (vorgeheizt)
Heißluft:
etwa 150 °C (nicht vorgeheizt)
Gas: Stufe 3–4 (nicht vorgeheizt)
Backzeit: 60–70 Minuten.

LINZER TORTE

Für den Knetteig:
200 g Weizenmehl
1 gestr. TL Backpulver
125 g Zucker
1 Pck. Vanillin-Zucker
2 Tropfen Bittermandel-Aroma
1 Msp. gemahlene Nelken

1 gestr. TL gemahlener Zimt
Salz
1/2 Eigelb
1 Eiweiß
125 g weiche Butter
125 g nicht abgezogene, gemahlene Mandeln

Zum Bestreichen:
100 g Himbeer-Konfitüre
1/2 Eigelb
1 TL Milch

Für den Teig das Mehl mit dem Backpulver mischen, in eine Rührschüssel sieben. Den Zucker, Vanillin-Zucker, Bittermandel-Aroma, Nelken, Zimt, Salz, Eigelb, Eiweiß, Butter und Mandeln hinzufügen. Die Zutaten mit dem Handrührgerät mit Knethaken zunächst kurz auf niedrigster, dann auf höchster Stufe gut durcharbeiten. Anschließend auf der Arbeitsfläche zu einem glatten Teig verkneten, knapp die Hälfte des Teiges zu einer Platte in der Größe der Springform (Ø 28 cm) ausrollen, 16–20 Streifen daraus rädern, den übrigen Teig auf dem gefetteten Springformboden ausrollen, mit Himbeer-Konfitüre bestreichen, dabei am Rand etwa 1 cm Teig frei lassen.

Die Teigstreifen gitterförmig über die Konfitüre legen. Das Eigelb mit Milch verschlagen, die Teigstreifen damit bestreichen. Die Form auf dem Rost in den Backofen schieben.
Ober-/Unterhitze:
180–200 °C (vorgeheizt)
Heißluft:
160–180 °C (nicht vorgeheizt)
Gas: Stufe 3–4 (vorgeheizt)
Backzeit: 25–30 Minuten.

TIP
Für die Linzer Torte kann anstelle von Himbeer-Konfitüre auch Pflaumenmus zum Bestreichen verwendet werden.

Himmlische Genüsse

Festtagstorten

WEIHNACHTS-TORTE SCHACHBRETT

(Foto Seite 98/99)

Für den Knetteig:
125 g Weizenmehl
40 g Zucker
1 Pck. Vanillin-Zucker
100 g Butter

Für den Biskuitteig:
6 Eier
170 g Zucker
1 Pck. Vanillin-Zucker
5 Tropfen Bittermandel-Aroma
1/2 TL gemahlener Zimt
40 g Speisestärke
1 Msp. Backpulver
250 g gem. Haselnußkerne

Für die dunkle Creme:
400g Zartbitter-Schokolade
300 g Schlagsahne
125 g weiche Butter
3 EL Orangenlikör

Für die helle Creme:
250 g weiße Kuvertüre
200 ml Schlagsahne
125 g weiche Butter
2 EL Orangenlikör

Zum Bestreichen:
6 EL Orangen-Marmelade

Zum Verzieren:
30 g Marzipan-Rohmasse
15 g gesiebter Puderzucker
100 g gehackte Hanselnußkerne

Für den Knetteig das Mehl in eine Rührschüssel sieben, die restlichen Zutaten hinzufügen, mit dem Handrührgerät mit Knethaken zunächst auf niedrigster, dann auf höchster Stufe gut durcharbeiten, anschließend auf der Arbeitsfläche zu einem glatten Teig verkneten. Den Teig auf einen Springformboden (Ø 28 cm) ausrollen. Den Teig mit einer Gabel mehrmals einstechen, mit Springformrand backen. Die Form auf dem Rost in den Backofen schieben.
Ober-/Unterhitze:
180–200 °C (vorgeheizt)
Heißluft:
160–180 °C (nicht vorgeheizt)
Gas: Stufe 3–4 (vorgeheizt)
Backzeit: 15–20 Minuten.
Den Boden sofort nach dem Backen lösen, auf dem Springformboden erkalten lassen. Für den Biskuitteig die Eier mit dem Handrührgerät mit Rührbesen auf höchster Stufe in 1 Minute schaumig schlagen. Den Zucker mit dem Vanillin-Zucker mischen, in 1 Minute einstreuen, Aroma und Zimt hinzugeben, dann noch etwa 2 Minuten schlagen. Die Speisestärke mit dem Backpulver mischen, auf die Eiercreme sieben, kurz auf niedrigster Stufe unterrühren. Zuletzt die Haselnußkerne unterrühren. Den Teig in eine gefettete, mit Backpapier belegte Springform (Ø 28 cm) füllen.
Ober-/Unterhitze:
180–200 °C (vorgeheizt)
Heißluft:
160–180 °C (nicht vorgeheizt)
Gas: Stufe 3–4 (vorgeheizt)
Backzeit: 30–40 Minuten.

Den Boden aus der Form lösen, stürzen, erkalten lassen.
Für die dunkle Creme die Zartbitter-Schokolade grob hacken. Die Sahne zum Kochen bringen, von der Kochstelle nehmen. Die Schokolade darin auflösen, in eine Schüssel geben, mit Sichtfolie abdecken, abkühlen lassen. Für die helle Creme die weiße Kuvertüre hacken. Die Sahne zum Kochen bringen, von der Kochstelle nehmen. Die Kuvertüre darin unter Rühren auflösen, in eine Schüssel geben, mit Sichtfolie abdecken, abkühlen lassen. Den Biskuitboden zweimal durchschneiden. Den unteren Boden und mittleren Boden jeweils mit 2 Eßlöffeln Orangen-Marmelade bestreichen. Die dunkle Creme mit dem Handrührgerät mit Rührbesen aufschlagen, die Butter unterrühren. Die Creme mit dem Orangenlikör abschmekken. Die helle Creme ebenfalls aufschlagen, die Butter unterrühren. Die Creme mit dem Orangenlikör abschmecken. Die dunkle und die helle Creme jeweils in einen Spritzbeutel mit Tüllenring füllen. Den Knetteigboden mit der Orangen-Marmelade bestreichen, mit dem unteren Biskuitboden bedecken. Auf diesen vom Rand zur Mitte hin abwechselnd dunkle und helle Ringe spritzen (mit der dunklen Creme beginnend), mit dem mittleren Boden bedecken, leicht andrücken, mit Ringen bespritzen (aber mit heller Creme beginnend). Mit dem oberen Boden bedecken, leicht andrücken. Die Torte mit der dunklen Creme bestreichen, mit der Creme verzieren. Zum Verzieren die Marzipan-Rohmasse mit dem Puderzukker verkneten. Die Masse ausrollen, Sterne ausstechen, mit Wasser bestreichen, mit etwas Zucker bestreuen. Die Torte damit garnieren. Die Tortenmitte mit einer Sternschablone belegen, mit Zucker bestreuen, Schablone abheben. Den Tortenrand mit Haselnußkernen bestreuen.

HIMBEERTORTE

Für den Biskuitteig:

3 Eier

2–3 EL heißes Wasser

125 g Zucker

1 Pck. Vanillin-Zucker

75 g Weizenmehl

75 g Speisestärke

20 g Kakao

2–3 gestr. TL Backpulver

Für die Füllung:

1 l Schlagsahne

70 g Zucker

3 Pck. Sahnesteif

1 EL Himbeergeist

400 g gefrorene Himbeeren

1/2 Pck. roter Tortenguß

125 ml (1/8 l) Himbeersaft

Zum Garnieren:

20 g Pistazien

Für den Teig die Eier mit dem Wasser mit dem Handrührgerät mit Rührbesen auf höchster Stufe in 1 Minute schaumig schlagen. Den Zucker mit Vanillin-Zucker mischen, in 1 Minute einstreuen, dann noch etwa 2 Minuten schlagen. Das Mehl mit Speisestärke, Kakao und Backpulver mischen. Die Hälfte davon auf die Eiercreme sieben, kurz auf niedrigster Stufe unerrühren. Den Rest des Mehlgemisches auf die gleiche Weise unterarbeiten. Den Teig in eine gefettete, mit Backpapier belegte Springform (Ø 28 cm) füllen. Die Form auf dem Rost in den Backofen schieben.

Ober-/Unterhitze:
180–200 °C (vorgeheizt)
Heißluft: –
Gas: Stufe 3–4 (vorgeheizt)
Backzeit: 20–30 Minuten.

Den erkalteten Boden zweimal waagerecht durchschneiden. Für die Füllung die Sahne mit Zucker und Sahnesteif steif schlagen. Zum Schluß den Himbeergeist unterschlagen. Etwa 400 ml Sahne zum Verzieren kalt stellen. Den ersten Biskuitboden mit etwas Sahne bestreichen und 300 g Himbeeren darauf verteilen. Dabei einen fingerbreiten Rand lassen. Jetzt noch etwa 2 Eßlöffel Sahne auf die Himbeeren streichen. Den zweiten Boden auflegen. Die restliche Sahne daraufstreichen und den dritten Boden auflegen. Jetzt die restlichen gefrorenen Himbeeren in Form eines Sterns mit sechs Zacken darauf anordnen. Den Tortenguß nach Packungsanleitung mit Himbeersaft zubereiten – etwas abgekühlt – über die Himbeer-Sternform verteilen. Ist der Tortenguß ganz abgekühlt, die restliche kaltgestellte Sahne in einen Spritzbeutel mit großer glatter Tülle füllen. Oben von dem Sternrand aus gleichmäßige Streifen nach unten spritzen. Zum Schluß die Himbeertorte mit den Pistazien garnieren.

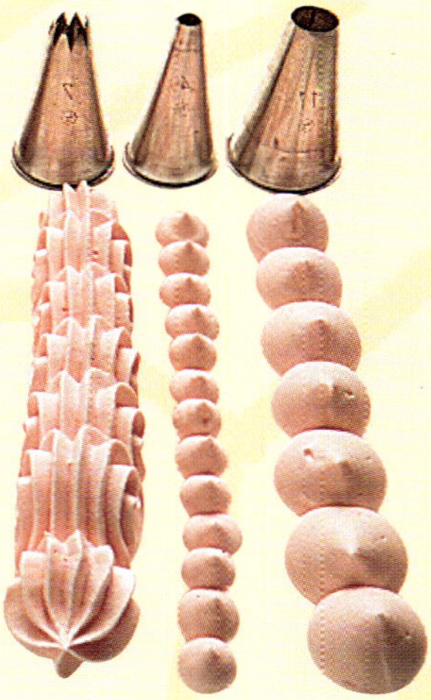

KLEINE NUSSTORTE

Für den Nußboden:
4 Eiweiß
4 Eigelb
100 g Zucker
100 g feingemahlene und geröstete Haselnüsse
1 TL gemahlener Zimt
Salz
100 g Weizenmehl
1 TL Backpulver

Für die Marzipandecke:
100 g Marzipan-Rohmasse
50 g Puderzucker

Für die Sahnefüllung:
500 ml (1/2 l) Schlagsahne
2 Pck. Sahnesteif
1 Pck. Vanillin-Zucker
2 TL Zucker

Zum Verzieren:
12 Haselnußkerne
20 g Vollmilch-Kuvertüre

Für den Teig das Eiweiß mit dem Handrührgerät mit Rührbesen steif schlagen. In einer zweiten Schüssel das Eigelb mit dem Zucker schaumig rühren. Die Haselnüsse, Zimt und Salz dazugeben. Das Mehl mit dem Backpulver mischen, unterheben. Den Eischnee locker darunter heben. Den Teig in eine mit Backpapier ausgelegte Springform (Ø 20 cm) geben, glattstreichen. Die Form auf dem Rost in den Backofen geben.

Ober-/Unterhitze: 180–200 °C (vorgeheizt)
Heißluft: 160–180 °C (nicht vorgeheizt)
Gas: Stufe 3–4 (vorgeheizt)
Backzeit: 25–30 Minuten.

Für die Marzipandecke das Marzipan mit dem Puderzucker verkneten und ausrollen. Eine runde Platte im Tortendurchmesser (Ø 20 cm) ausschneiden. In 12 Tortenstücke aufteilen. Bei jedem Stück eine Ecke aufrollen.

Für die Füllung die Sahne mit Sahnesteif, Vanillin-Zucker und Zucker steif schlagen. 2 Eßlöffel für die Garnitur abnehmen. Den ausgekühlten Nußboden einmal waagerecht durchschneiden, mit Sahne füllen und rundherum mit Sahne bestreichen. Die Marzipanstücke auflegen. Auf jedes Stück mit der restlichen Sahne eine kleine Rosette spritzen und auf jede Rosette eine Haselnuß setzen. Zum Verzieren die Kuvertüre auflösen, die Tortenoberfläche damit besprenkeln.

SPANISCHE VANILLE-TORTE

Für den Biskuitteig:
6 Eier
150 g Marzipan
Salz
2 Vanilleschoten
125 g Zucker
150 g gehobelte Mandeln
125 g Weizenmehl
100 g flüssige Butter
100 g Schokoladenblättchen

Zum Bestreichen:
4 EL Aprikosen-Konfitüre

Für den Belag:
200 g Marzipan-Rohmasse
20 g Puderzucker
100 g Zartbitter-Kuvertüre
100 g dunkle Kuchenglasur
1 EL Pistazien
einige abgezogene Mandeln
einige Belegkirschen

Für den Teig die Eier trennen. Das Marzipan mit dem Eigelb, Salz und dem ausgekratzten Mark der Vanilleschoten mit dem Handrührgerät mit Rührbesen glattrühren. Das Eiweiß mit dem Zucker steif schlagen. Den Eischnee vorsichtig mit einem Holzlöffel unter die Marzipanmasse heben. Die Mandeln mit dem Mehl vermischt unterziehen. Die Butter nach und nach unterrühren. Zum Schluß die Schokoladenblättchen unterheben, in eine gefettete, mit Backpapier belegte Springform (Ø 22–24 cm) füllen. Die Form auf dem Rost in den Backofen schieben.

Ober-/Unterhitze:
etwa 180 °C (vorgeheizt)
Heißluft:
etwa 160 °C (nicht vorgeheizt)
Gas: etwa Stufe 3 (vorgeheizt)
Backzeit: etwa 45 Minuten.

Die Torte nach dem Backen etwas abkühlen lassen, stürzen. Die Konfitüre durch ein Sieb streichen, erwärmen. Die Torte rundherum damit bestreichen. Das restliche Marzipan auf einer mit Puderzucker bestreuten Arbeitsfläche etwa 2 mm dünn ausrollen. Die Torte damit überdecken. Überstehende Ränder abschneiden. Aus dem restlichen Marzipan kleine Sterne ausstechen. Die Kuvertüre mit der Kuchenglasur nach Packungsanleitung auflösen, den Kuchen damit gleichmäßig überziehen, trocknen lassen.
Mit der restlichen Kuchenglasur kleine Punkte in die Mitte der Sterne setzen, mit Pistazien bestreuen. Die Torte mit Sternen, Mandeln und Belegkirschen verzieren.

TIP *Damit sich das Vanille-Aroma gut entfalten kann, ist es empfehlenswert, die Torte 2 Tage vor dem Verzehr zuzubereiten.*

JÄGERTORTE

Für den Rührteig:
150 g weiche Butter
150 g Zucker
1 Pck. Vanillin-Zucker
1/2 Fläschchen Rum-Aroma
Salz
4 Eigelb
60 g Weizenmehl
2 gestr. TL Backpulver
125 g geraspelte Zartbitter-Schokolade
50 g gem. Haselnußkerne
50 g abgezogene, gehackte Mandeln
4 Eiweiß

Für die Füllung:
Preiselbeeren (aus dem Glas, Abtropfgewicht 350 g)
200 ml Preiselbeersaft
2 TL Zucker
1 Pck. Tortenguß, rot
600 ml Schlagsahne
2 Pck. Sahnesteif
2 Pck. Vanillin-Zucker

Zum Garnieren:
Zitronenmelisseblätter
geraspelte Schokolade

Für den Teig die Butter mit dem Handrührgerät mit Rührbesen geschmeidig rühren. Nach und nach Zucker, Vanillin-Zucker, Aroma und Salz unterrühren. So lange rühren, bis eine gebundene Masse entstanden ist. Das Eigelb nach und nach unterrühren (jedes Eigelb etwa 1/2 Minute). Das Mehl mit dem Backpulver mischen, sieben, portionsweise mit der Schokolade auf mittlerer Stufe unterrühren. Die Haselnüsse und die Mandeln hinzufügen. Zuletzt das zu steifem Schnee geschlagene Eiweiß unterheben. Den Teig in eine Springform (Ø 26 cm, Boden gefettet, mit Backpapier belegt) füllen, glattstreichen, auf dem Rost in den Backofen schieben.

Ober-/Unterhitze:
180–200 °C (vorgeheizt)
Heißluft:
160–180 °C (nicht vorgeheizt)
Gas: Stufe 3–4 (nicht vorgeheizt)
Backzeit: etwa 40 Minuten.

Das Gebäck aus der Form lösen, auf einen Kuchenrost stürzen, erkalten lassen, einmal durchschneiden. Für die Füllung die Preiselbeeren zum Abtropfen auf ein Sieb geben. Etwa 2 Eßlöffel Preiselbeeren zum Garnieren, 3 Eßlöffel für die Sahnefüllung beiseite stellen. Den Saft abmessen.

Aus Tortenguß, Zucker und Saft einen Guß zubereiten. Die restlichen Preiselbeeren unterrühren, kurz aufkochen lassen. Die Masse auf den unteren Boden streichen (1 cm am Rand frei lassen). Den Tortenring darum stellen. Die Preiselbeermasse erkalten lassen. Die Schlagsahne mit dem Sahnesteif und Vanillin-Zucker nach Packungsanleitung steif schlagen. Unter die Hälfte der Sahnemasse die Preiselbeeren (3 Eßlöffel) rühren, auf die Preiselbeermasse im Ring streichen, mit dem oberen Boden bedecken. Den Tortenring entfernen.

Den Rand und obere Seite der Torte mit 5–6 Eßlöffeln der übrigen Sahnemasse bestreichen, mit der restlichen Sahne verzieren, mit Preiselbeeren (2 Eßlöffel), Zitronenmelisseblättchen und Schokolade garnieren.

SCHOKOLADEN-MANDEL-TORTE

Für den Biskuitteig:
5 Eier, 2 EL Rum
125 g Zucker
1 Pck. Vanillin-Zucker
100 g Weizenmehl
1 gestr. TL Backpulver
25 g Kakao
100 g nicht abgezogene, gem. Mandeln

Für die Füllung:
1 Pck. Pudding-Pulver Vanille-Geschmack
60 g Zucker
500 ml (1/2 l) Milch
250 g weiche Butter
1 geh. EL Aprikosen-Konfitüre

Für den Guß:
100 g Zartbitter-Schokolade
etwas Kokosfett

Zum Garnieren:
1 EL Speiseöl
32 abgezogene Mandeln

Für den Teig Eier und Rum mit dem Handrührgerät mit Rührbesen auf höchster Stufe in 1 Minute schaumig schlagen. Zucker und Vanillin-Zucker mischen, in 1 Minute einstreuen, dann noch 2 Minuten schlagen. Das Mehl mit Backpulver und Kakao mischen.
Die Hälfte davon auf die Eiercreme sieben, kurz auf niedrigster Stufe unterrühren, den Rest des Mehlgemisches mit Mandeln auf dieselbe Weise unterarbeiten. Den Teig in eine gefettete, mit Backpapier belegte Springform (Ø 28 cm) füllen, glattstreichen, auf dem Rost in den Backofen schieben.
Ober-/Unterhitze:
180–200 °C (vorgeheizt)
Heißluft:
160–180 °C (nicht vorgeheizt)
Gas: Stufe 3–4 (vorgeheizt)
Backzeit: 25–30 Minuten.
Den gebackenen Tortenboden aus der Form lösen, stürzen, das Papier abziehen, den Boden erkalten lassen. Den Boden zweimal durchschneiden. Für die Füllung aus Pudding-Pulver, Zucker und Milch nach Packungsanleitung einen Pudding zubereiten, erkalten lassen, ab und zu durchrühren. Die Butter geschmeidig rühren, den Pudding eßlöffelweise unterrühren, 3 Eßlöffel von der Creme in einen Spritzbeutel mit gezackter Tülle geben, mit der restlichen Creme die 3 Tortenböden bestreichen, zu einer Torte zusammensetzen, den Tortenrand bestreichen. Die Aprikosen-Konfitüre durch ein Sieb streichen, die Tortenoberfläche damit bestreichen, die Torte einige Zeit kalt stellen.
Für den Guß die Zartbitter-Schokolade in kleine Stücke brechen, mit dem Kokosfett in einem kleinen Topf im Wasserbad bei schwacher Hitze geschmeidig rühren. Die Torte damit überziehen, auf den festgewordenen Guß eine Buttercreme-Spirale spritzen. Das Speiseöl in einer Pfanne erhitzen, Mandeln darin bräunen lassen, auf Küchenpapier erkalten lassen, die Torte damit garnieren.

TIP *Veränderung: Die gebackenen Tortenböden, nachdem sie etwas abgekühlt sind, mit 2–3 Eßlöffeln Rum oder Weinbrand beträufeln.*

MANDELTORTE

(ohne Foto)

Für den Teig:
5 Eier, 4 EL Orangensaft
175 g Zucker
1 Pck. Vanillin-Zucker
abgeriebene Schale von
1 Orange (unbehandelt)
50 g Weizenmehl
50 g Speisestärke
1 gestr. TL Backpulver
300 g abgezogene, gemahlene, leicht geröstete Mandeln

Für den Krokant:
1 Msp. Butter
1 gut geh. EL Zucker
50 g abgezogene, gehackte Mandeln

Zum Garnieren:
1 EL Speiseöl
100 g abgezogene, halbierte Mandeln

Für die Füllung:
1 Pck. Pudding-Pulver Vanille-Geschmack
60 g Zucker
500 ml (1/2 l) Milch
250 g weiche Butter

4 geh. EL Orangenmarmelade

Für den Teig die Eier mit Orangensaft mit dem Handrührgerät mit Rührbesen auf höchster Stufe in 1 Minute schaumig schlagen. Zucker, Vanillin-Zucker und Orangenschale mischen, in 1 Minute einstreuen, dann noch etwa 2 Minuten schlagen. Das Mehl mit Speisestärke und Backpulver mischen. Die Hälfte davon auf die Eiercreme sieben, kurz auf niedrigster Stufe unterrühren, den Rest des Mehlgemisches mit Mandeln ebenso unterarbeiten. Den Teig in eine gefettete, mit Backpapier ausgelegte Springform (Ø 28 cm) füllen, backen.
Ober-/Unterhitze:
180–200 °C (vorgeheizt)
Heißluft:
160–180 °C (nicht vorgeheizt)
Gas: Stufe 3–4 (vorgeheizt)
Backzeit: etwa 40 Minuten.
Den Tortenboden gut auskühlen lassen. Für den Krokant Butter und Zucker unter Rühren erhitzen, bis der Zucker schwach gebräunt ist. Die Mandeln hinzufügen, unter Rühren erhitzen, bis die Krokantmasse genug gebräunt ist, auf eine geölte Platte geben, erkalten lassen, in kleine Stücke zerstoßen. Zum Garnieren die Mandeln in dem erhitzten Speiseöl unter Wenden leicht bräunen, auf Küchenpapier abtropfen lassen. Für die Füllung aus Pudding-Pulver, Zucker und Milch nach Packungsanleitung einen Pudding zubereiten, erkalten lassen, ab und zu durchrühren. Die Butter geschmeidig rühren, den Pudding eßlöffelweise unterrühren. Den Tortenboden zweimal durchschneiden. Zwei Böden jeweils mit 2 Eßlöffeln Orangenmarmelade bestreichen. Die Böden mit 2/3 der Creme zu einer Torte zusammensetzen. Den Rand und die obere Seite der Torte mit der restlichen Creme bestreichen, den Rand mit dem Krokant bestreuen. Die Torte mit den Mandelhälften sternförmig garnieren, kalt stellen.

LÜBECKER MARZIPAN TORTE

Für den Biskuitteig:
150 g feine Marzipan-Rohmasse
7 Eigelb, 120 g Zucker
1 Pck. Bourbon Vanille Zucker
Salz
200 g Zartbitter Schokolade
1 Pck. Jamaica-Rum-Aroma
2 TL Instant-Kaffee
50 g abgezogene, gehackte Mandeln
150 g Weizenmehl
1 gestr. TL Backpulver
7 Eiweiß

Zum Aprikotieren:
3 EL Aprikosen-Konfitüre

Für den Guß:
100 g Halbbitter-Kuvertüre
1 TL Instant-Kaffee

Zum Garnieren:
100 g Halbbitter-Kuvertüre

50 g Marzipan-Rohmasse
25 g Puderzucker

Für den Teig die Marzipan-Rohmasse mit dem Handrührgerät mit Rührbesen verrühren. Eigelb, Zucker, Vanille-Zucker und Salz hinzufügen und so lange schlagen, bis

eine dickcremige Masse entstanden ist. Die Zartbitter-Schokolade im Wasserbad auflösen, zu der Masse geben, unterrühren, Rum-Aroma mit dem Instant-Kaffee sehr gut verrühren und zusammen mit den Mandeln ebenfalls unterrühren.
Das Mehl mit Backpulver mischen, sieben und auf mittlerer Stufe unterrühren.
Das Eiweiß steif schlagen, vorsichtig unter den Teig heben, den Teig in eine gefettete Spring- oder Rosettenform füllen, glattstreichen. Die Form auf dem Rost in den Backofen schieben.
Ober-/Unterhitze:
etwa 180 °C (vorgeheizt)
Heißluft:
etwa 160 °C (nicht vorgeheizt)
Gas: Stufe 2–3 (nicht vorgeheizt)
Backzeit: 65–70 Minuten.

Zum Aprikotieren die Aprikosenkonfitüre durch ein Sieb streichen, den Kuchen sofort nach dem Backen damit bestreichen.
Für den Guß die Halbbitter-Kuvertüre, in einem kleinen Topf bei schwacher Hitze geschmeidig rühren, etwas abkühlen lassen, bis die Masse dickflüssig ist, wieder erwärmen, mit Instant-Kaffee verrühren, den Kuchen damit überziehen. Zum Garnieren die Halbbitter-Kuvertüre in einem kleinen Topf bei schwacher Hitze auflösen, die aufgelöste Kuvertüre mit einem Spachtel auf eine Marmor- oder Prozellanplatte auftragen und kalt stellen, mit dem Spachtel über die ausgekühlte Kuvertüre schaben und die Schokolade aufrollen, die Torte mit den Röllchen garnieren. Die Marzipan-Rohmasse mit Puderzucker verkneten, mit dem Daumen kleine Blätter drücken, mit dem Messerrücken die Blattrippen eindrücken, die Marzipanblätter auf die Schokoladenröllchen geben.

TIP *Wenn eine Rosettenform verwendet wird, empfiehlt es sich, die Form gut zu fetten und mit Semmelbröseln auszustreuen.*

ZITRONEN-TORTE

Für den Biskuitteig:
4 Eier
2 EL heißes Wasser
150 g Zucker
1 Pck. Vanillin-Zucker
100 g Weizenmehl
100 g Speisestärke
1 gestr. TL Backpulver

Für die Füllung:
125 g Butter
175 g Zucker
4 Eigelb
125 ml (1/8 l) Zitronensaft
(von 3–4 Zitronen)

Für die Buttercreme:
1 Pck. Pudding-Pulver
Vanille-Geschmack
60 g Zucker
500 ml (1/2 l) Milch
250 g weiche Butter

Zum Garnieren:
Zitronenscheiben,
Zitronenmelisseblättchen

Für den Teig die Eier mit Wasser mit dem Handrührgerät mit Rührbesen auf höchster Stufe in 1 Minute schaumig rühren. Den Zucker mit Vanillin-Zucker mischen, in 1 Minute einstreuen, dann noch etwa 2 Minuten schlagen. Das Mehl mit Speisestärke und Backpulver mischen, die Hälfte davon auf die Eiercreme sieben, kurz auf niedrigster Stufe unterrühren. Den Rest des Mehlgemisches auf dieselbe Weise unterarbeiten. Den Teig in eine gefettete, mit Backpapier belegte Springform (Ø 28 cm) füllen, glattstreichen, auf dem Rost in den Backofen schieben.

Ober-/Unterhitze:
180–200 °C (vorgeheizt)
Heißluft:
160–180 °C (nicht vorgeheizt)
Gas: Stufe 3–4 (nicht vorgeheizt)
Backzeit: 25–30 Minuten.

Den Tortenboden sofort nach dem Backen aus der Form lösen, auf einen Kuchenrost stürzen, das Backpapier abziehen. Den erkalteten Tortenboden dreimal durchschneiden. Für die Füllung die Butter zerlassen, von der Kochstelle nehmen, nach und nach den Zucker unterrühren, Eigelb hinzufügen, die Masse im Wasserbad zu einer dicklichen Creme aufschlagen. Zitronensaft unterrühren, unter ständigem Schlagen bis kurz vor dem Kochen erhitzen, die Creme unter Rühren erkalten lassen.

Für die Buttercreme aus Pudding-Pulver, Zucker und Milch nach der Packungsanleitung einen Pudding

ubereiten, kalt stellen, ab und zu urchrühren. Die Butter mit dem Handrührgerät mit Rührbesen auf öchster Stufe geschmeidig rühren, en Pudding nach und nach eßlöffelweise unterrühren, den unteren Biskuitboden mit der Hälfte der Zitronencreme bestreichen, mit dem weiten Biskuitboden bedecken, twas andrücken, mit 1/3 der Buttercreme bestreichen, den dritten Boden darauf legen, mit der restlichen Zitronencreme bestreichen, mit dem oberen Boden bedecken, etwas andrücken, mit der Hälfte der übrigen Buttercreme die Torte ganz bestreichen. Die restliche Buttercreme in inen Spritzbeutel mit Sterntülle geben, die Torte damit verzieren, mit Zitronenscheiben und Zitronenmelisseblättchen garnieren.

KAISERIN-FRIEDRICH-TORTE

Für den Rührteig:
250 g Kokosfett
oder 300 g Butter
oder Margarine
300 g Zucker
1 Pck. Vanillin-Zucker
5 Eier
1 Eigelb
1/2 Eiweiß
3 Tropfen Bittermandel-Aroma
1/2 Fläschchen Rum-Aroma
Salz
300 g Weizenmehl
75 g Speisestärke
2 gestr. TL Backpulver
125 g feingewürfeltes Zitronat (Sukkade)

Für den Guß:
175 g Puderzucker
1/2 Eiweiß
etwa 3 EL Zitronensaft

50 g Zitronat am Stück

Für den Teig das Kokosfett zerlassen, kalt stellen, etwas fest werden lassen oder Butter oder Margarine mit dem Handrührgerät mit Rührbesen auf höchster Stufe in etwa 1/2 Minute geschmeidig rühren. Den Zucker und Vanillin-Zucker unterrühren, so lange rühren, bis eine gebundene Masse entstanden ist, dann nach und nach Eier, Eigelb, Eiweiß, Bittermandel-Aroma, Rum-Aroma und Salz unterrühren (jedes Ei etwa 1/2 Minute). Das Mehl mit Speisestärke und Backpulver mischen, sieben, portionsweise auf mittlerer Stufe unterrühren. Das Zitronat unter den Teig heben, ihn in die gefettete Rosettenform (Ø 26–28 cm) füllen, die Form auf dem Rost in den Backofen schieben.
Ober-/Unterhitze:
180–200 °C (vorgeheizt)
Heißluft:
160–180 °C (nicht vorgeheizt)
Gas: Stufe 2–3 (nicht vorgeheizt)
Backzeit: 65–75 Minuten.
Für den Guß den Puderzucker sieben, mit Eiweiß und Zitronensaft glattrühren, so daß eine dickflüssige Masse entsteht.
Die erkaltete Torte mit dem Guß überziehen. Das Zitronat in Blüten und Streifen schneiden, die Torte damit garnieren.
Veränderung: Der Teig kann auch in einer Springform (Ø 26–28 cm) gebacken werden.

WEIHNACHTS-APFELTORTE

Für den Nußbiskuitteig:
7 Eigelb
180 g Zucker
1 Pck. Vanillin-Zucker
300 g gem. Haselnußkerne
50 g Speisestärke
2 gestr. TL Backpulver
7 Eiweiß

Für die Apfelcreme:
750 g Äpfel
100 g Zucker
1 Pck. BourbonVanille-Zucker
4 EL Zitronensaft
4 EL Calvados
250 ml (1/4 l) Milch
100 g flüssige Schlagsahne
50 g Zucker
etwas Salz
40 g Speisestärke
2 Eigelb
4 EL Milch

Für die Marzipandecke:
400 g Marzipan-Rohmasse
120 g gesiebtem Puderzucker

Zum Garnieren:
Marzipanäpfel und -sterne

Für den Nußbiskuitteig Eigelb, Zucker und Vanillin-Zucker mit dem Handrührgerät mit Rührbesen auf höchster Stufe etwa 5 Minuten dickcremig schlagen. Die Haselnußkerne mit Speisestärke und Backpulver mischen, kurz auf niedrigster Stufe unterrühren. Das Eiweiß steif schlagen, vorsichtig unterziehen (nicht rühren), den Teig in eine gefette, mit Backpapier belegte Springform (Ø 26 cm,) füllen. Die Form auf dem Rost in den Backofen schieben.
Ober-/Unterhitze:
160–180 °C (vorgeheizt)
Heißluft:
140–160 °C (nicht vorgeheizt)
Gas: Stufe 2–3 (vorgeheizt)
Backzeit: 50–60 Minuten.
Den Boden aus der Form lösen, auf einen Kuchenrost stürzen, auskühlen lassen.
Für die Apfelcreme Äpfel schälen, vierteln, entkernen, in kleine Stücke schneiden, mit Zucker, Vanille-Zucker und Zitronensaft gar dünsten lassen. Den Calvados unterrühren, die Äpfel auf ein Sieb geben, abkühlen lassen. Die Milch mit Sahne, Zucker und etwas Salz zum Kochen bringen. Die Speisestärke mit Eigelb und Milch glattrühren, in die kochende, von der Kochstelle genommene Milch rühren, kurz aufkochen, erkalten lassen, ab und zu umrühren. Die Creme (2 Eßlöffel zurücklassen) mit den Apfelstücken vorsichtig vermengen. Den Nußboden einmal waagerecht durchschneiden. Die Apfelcreme auf den unteren Boden streichen, mit dem oberen Boden bedecken, gut andrükken. Die Oberfläche der Torte mit der zurückgelassenen Creme (2 Eßlöffel) bestreichen.
Für die Marzipandecke Marzipan-Rohmasse mit gesiebtem Puderzukker verkneten, gut 2/3 davon zwischen Sichtfolie zu einer Platte (Ø 32 cm) ausrollen, vorsichtig über die Torte legen, gut andrücken, den unteren Rand gerade schneiden.
Zum Garnieren einen Teil der restlichen Marzipanmasse mit roter Speisefarbe einfärben, Äpfel daraus formen, das restliche Marzipan mit gelber Speisefarbe einfärben, dünn ausrollen, Sterne ausstechen.
Die Torte leicht mit Puderzucker bestäuben, mit Marzipanäpfeln und -sternen garnieren.

CHRISTKINDS MÖHRCHEN-TORTE

Für den Teig:
7 Eigelb
300 g brauner Rohzucker
400 g abgezogene, gemahlene Mandeln
300 g feingeriebene Möhren
75 g Speisestärke
3 gestr. TL Backpulver
1/2 TL gem. Zimt
1 Msp. gemahlene Nelken
1 Msp. Kardamom
Salz
7 Eiweiß

Für den Guß:
200 g Halbbitter-Kuvertüre
20 g Kokosfett

Zum Garnieren:
100 g Marzipan-Rohmasse
50 g Puderzucker
Speisefarbe
Plätzchenschmuck
kleine Kerzen
kleine Kerzenständer

Das Eigelb mit dem Rohzucker sehr schaumig schlagen. Mandeln, feingeriebene Möhren, Speisestärke, Backpulver, Gewürze und Salz vorsichtig unterheben. Das Eiweiß zu steifem Schnee schlagen, unterheben. Den Teig in zwei am Boden mit Backpapier belegte Springformen (Ø 24 cm und 16 cm) füllen, glattstreichen, auf dem Rost in den Backofen schieben.
Ober-/Unterhitze:
180–200 °C (vorgeheizt)
Heißluft:
160–180 °C (nicht vorgeheizt)
Gas: Stufe 3–4 (nicht vorgeheizt)
Backzeit: 45–55 Minuten.
Die Kuchen aus den Formen stürzen, das Backpapier entfernen, die Kuchen erkalten lassen.
Die Kuvertüre und das Kokosfett im Wasserbad schmelzen lassen. Beide Kuchen damit überziehen, den kleinen Kuchen auf den großen setzen.
Die Marzipan-Rohmasse mit Puderzucker verkneten, mit Speisefarbe färben. Das Marzipan zwischen Klarsichtfolien oder auf Puderzucker ausrollen, mit Ausstechförmchen beliebige Motive und Sterne ausstechen, auf der Torte verteilen, mit Plätzchenschmuck und Kerzen garnieren.

FRUCHTIGE REISTORTE

Für den Knetteig:
150 g Weizenmehl
1 Msp. Backpulver
40 g Zucker
1 Pck. Vanillin-Zucker
100 g weiche Margarine

Für den Reisbelag:
500 ml (1/2 l) Milch
30 g Zucker
3 Tropfen Zitronen-Aroma
Salz
125 g Milchreis
3 Eigelb
30 g Zucker
1/2 Fläschchen Butter-Vanille-Aroma
15 g Speisestärke
3 Eiweiß

Für den Obstbelag:
Aprikosenhälften (aus der Dose, Abtropfgewicht 480 g)
1 Pck. gezuckerter Tortenguß
Flüssigkeit

Für den Teig das Mehl mit dem Backpulver mischen, in eine Rührschüssel sieben. Die übrigen Zutaten hinzufügen, mit dem Handrührgerät mit Knethaken zunächst kurz auf niedrigster, dann auf höchster Stufe gut durcharbeiten, anschließend auf der Arbeitsfläche zu einem glatten Teig verkneten. Den Teig auf dem Boden einer Springform (Ø 26 cm) ausrollen, mehrmals mit einer Gabel einstechen, mit dem Springformrand hellgelb vorbacken. Die Form auf dem Rost in den Backofen schieben.
Ober-/Unterhitze:
200–220 °C (nicht vorgeheizt)
Heißluft: 180–200 °C (vorgeheizt)
Gas: Stufe 3–4 (vorgeheizt)
Backzeit: etwa 10 Minuten.
Für den Reisbelag die Milch mit Zucker, Zitronen-Aroma und Salz zum Kochen bringen. Den Reis hineingeben, bei schwacher Hitze in etwa 30 Minuten ausquellen lassen (er muß noch körnig sein), kalt stellen. Eigelb, Zucker und Butter-Vanille-Aroma mit dem Handrührgerät mit Rührbesen auf höchster Stufe schaumig schlagen. Nach und nach die Speisestärke und den Reisbrei unterrühren. Das zu steifem Schnee geschlagene Eiweiß unterziehen. Die Reismasse auf den vorgebackenen Boden geben.
Ober-/Unterhitze:
180–200 °C (vorgeheizt)
Heißluft:
160–180 °C (nicht vorgeheizt)
Gas: Stufe 3–4 (nicht vorgeheizt)
Backzeit: etwa 30 Minuten.
Das Gebäck in der Form auf einem Kuchenrost erkalten lassen, aus der Form lösen.
Für den Obstbelag die Aprikosen gut abtropfen lassen, auf der Oberfläche verteilen.
Den Guß nach Packungsanleitung auf dem Päckchen zubereiten, über die Früchte verteilen.

TIP

Die Torte nach Belieben mit steifgeschlagener Schlagsahne verzieren. Den Tortenrand mit geschlagener Sahne bestreichen, mit gebräunten, gestiftelten Mandeln bestreuen.
Anstelle der Aprikosen können z. B. auch Sauerkirschen oder Stachelbeeren verwendet werden.

BADENER WALNUSS-TORTE

Für den Biskuitteig:
200 g Marzipan-Rohmasse
7 Eigelb
abgeriebene Schale von 1 Zitrone (unbehandelt)
1 Pck. Vanillin-Zucker
Salz, 7 Eiweiß
180 g Zucker
200 g gem. Walnußkerne
120 g Weizenmehl
2 gestr. TL Backpulver
100 g zerlassene, abgekühlte Butter

Für den Guß:
200 g Nuß-Nougat-Masse
etwas Kokosfett
etwa 20 g dunkle Kuvertüre

Für den Teig die Marzipan-Rohmasse in kleine Stücke schneiden, nach und nach Eigelb, Zitronenschale, Vanillin-Zucker und Salz unterrühren, mit dem Handrührgerät dickcremig rühren. Das Eiweiß steif schlagen, dabei unter ständigem Schlagen nach und nach den Zucker hinzufügen, den Eischnee auf die Eigelbcreme geben. Die Walnußkerne hinzufügen, Weizenmehl mit Backpulver mischen, auf die Walnußkerne sieben. Die Zutaten vorsichtig unter die Eigelbcreme heben. Die Butter nach und nach unterziehen, den Teig in eine gefettete Springform (Ø 26 cm) füllen, glattstreichen, backen.
Ober-/Unterhitze:
180–200 °C (vorgeheizt)
Heißluft:
160–180 °C (nicht vorgeheizt)
Gas: Stufe 3–4 (vorgeheizt)
Backzeit: etwa 40 Minuten.
Den Tortenboden erkalten lassen. Für den Guß die Nuß-Nougat-Masse mit etwas Kokosfett in einem kleinen Topf im Wasserbad geschmeidig rühren, die Torte damit bestreichen. Kuvertüre in einem kleinen Topf im Wasserad geschmeidig rühren, in ein Pergamentpapiertütchen geben. Die aufgelöste Kuvertüre in Form einer Spirale auf den noch feuchten Nougatguß spritzen (von der Tortenmitte ausgehend), ein spitzes Holzstäbchen in gleichmäßigen Abständen achtmal von der Tortenmitte zum Rand durch den noch feuchten Guß ziehen. Diese Tortenachtel nochmals unterteilen, dazu das Holzstäbchen nun vom Rand zur Tortenmitte hin achtmal durch den Guß ziehen, so daß 16 Tortenstücke erkennbar sind.

MIGNON-TORTE

Für den Knetteig:
500 g Weizenmehl
2 gestr. TL Backpulver
150 g gesiebter Puderzucker
1 Pck. Vanillin-Zucker
3 Eier, Salz
abgeriebene Schale von
1 Zitrone (unbehandelt)
300 g weiche Butter

Für die Füllung:
abgeriebene Schale von
2 Zitronen (unbehandelt)
175 g Zucker
1 Pck. Vanillin-Zucker
2 schwach geh. EL
Speisestärke
150 ml Zitronensaft
3 Eier
200 g weiche Butter

Für den Guß:
225 g gesiebter Puderzucker
4–5 EL Zitronensaft

Für den Teig das Mehl mit dem Backpulver mischen, in eine Rührschüssel sieben. Den Puderzucker mit Vanillin-Zucker, Eiern, Salz, Zitronenschale und Butter hinzufügen. Alle Zutaten mit dem Handrührgerät mit Knethaken zunächst kurz auf niedrigster, dann auf höchster Stufe gut durcharbeiten, anschließend auf der Arbeitsfläche zu einem glatten Teig verkneten, sollte er kleben, ihn eine Zeitlang kalt stellen. Etwas Teig dünn ausrollen, 16 keine Motive (Blätter, Herzen, Rosetten) ausstechen. Die Plätzchen auf ein gefettetes Backblech legen, backen.
Ober-/Unterhitze:
180–200 °C (vorgeheizt)
Heißluft:
160–180 °C (nicht vorgeheizt)
Gas: Stufe 3–4 (vorgeheizt)
Backzeit: 8–10 Minuten.
Den restlichen Teig in 5 Teile teilen, jeweils einen Teil auf dem umgedrehten, gefetteten Boden einer Springform (Ø 28 cm) ausrollen, mehrmals mit einer Gabel einstechen bei gleicher Temperatur wie die Plätzchen backen.
Backzeit: 12–15 Minuten.
Die Tortenböden sofort nach dem Backen vom Springformboden lösen, erkalten lassen.
Für die Füllung die Zitronenschale in einen Topf geben. Den Zucker mit Vanillin-Zucker und Speisestärke hinzufügen. Den Zitronensaft hinzugießen und verrühren. Die Eier hinzufügen, die Masse unter ständigem Schlagen zum Kochen bringen, von der Kochstelle nehmen, nach und nach die weiche Butter unterrühren. Die Creme erkalten lassen, ab und zu durchrühren, mit der Creme die 5 Tortenböden bestreichen, zu einer Torte zusammensetzen und den Tortenrand mit etwas Creme bestreichen. Die Torte einige Zeit kalt stellen. Den Puderzucker mit dem Zitronensaft dickflüssig verrühren. Mit dem Guß die Torte ganz einstreichen. Die Plätzchen auf den Rand der Tortenoberfläche setzen, die Torte gut durchziehen lassen.

TIP

Unter 1 Eßlöffel Zitronenguß noch etwas Puderzucker rühren, in ein Pergamentpapiertütchen geben. Die Torte mit unregelmäßigen Linien bespritzen, bevor die Plätzchen auf den Tortenrand gelegt werden.

PISCHINGER TORTE

Für den Krokant:
1 Msp. Butter
60 g Zucker
125 g abgezogene, gehackte Mandeln

Für die Füllung:
250 g weiche Butter
50 g gesiebter Puderzucker
3 Eier
200 g Zartbitter-Schokolade
2 Pck. Karlsbader Oblaten (je 5 Stück)

Für den Guß:
100 g Zartbitter-Schokolade
etwas Kokosfett

Für den Krokant die Butter mit dem Zucker so lange erhitzen, bis die Masse leicht gebräunt und der Zucker gelöst ist. Die Mandeln hinzufügen, unter Rühren erhitzen, bis der Krokant genug gebräunt ist, auf ein geöltes Backblech geben. Die erkaltete Krokantmasse mit einem Teigroller zerdrücken.

Für die Füllung die Butter mit dem Handrührgerät mit Rührbesen geschmeidig rühren, nach und nach den Puderzucker unterrühren, so lange rühren, bis eine gebundene Masse entstanden ist. Die Eier nach und nach unterrühren (jedes Ei etwa 1/2 Minute). Die Schokolade in kleine Stücke brechen, in einem kleinen Topf im Wasserbad bei schwacher Hitze geschmeidig rühren, etwas abkühlen lassen, unter die Buttercreme rühren, 2 gehäufte Eßlöffel von der Schokoladencreme abnehmen, beiseite stellen, unter die restliche Creme den Krokant rühren, auf die Karlsbader Oblaten streichen. Die Oblaten zu einer Torte zusammensetzen, den Tortenrand mit der zurückgelassenen Creme bestreichen. Die Torte einige Zeit kalt stellen. Die Zartbitter-Schokolade in kleine Stücke brechen, mit etwas Kokosfett in einem kleinen Topf im Wasserbad bei schwacher Hitze geschmeidig rühren. Die Torte damit bestreichen, einige Stunden kalt stellen. Die Torte mit einem sehr scharfen, in heißes Wasser getauchten Messer in Stücke schneiden.

BUCHWEIZEN-TORTE

Für den Biskuitteig:
6 Eier
2 EL heißes Wasser
125 g flüssiger Honig
abgeriebene Schale von 1/2 Zitrone (unbehandelt)
175 g fein gemahlener Buchweizen

Für die Füllung:
1 Pck. Gelatine gemahlen, weiß
4 EL kaltes Wasser
3 EL Zitronensaft
750 ml (3/4 l) Schlagsahne
6 EL Ahornsirup
etwa 350 g Preiselbeer-Konfitüre (aus dem Glas, mit Honig gesüßt)

Für den Teig die Eier mit Wasser mit dem Handrührgerät mit Rührbesen auf höchster Stufe in 1 Minute schaumig schlagen. Honig und Zitronenschale in 3 Minuten unterschlagen. 1/3 von dem Buchweizenmehl auf die Eiercreme geben, kurz auf niedrigster Stufe unterrühren, den Rest des Buchweizenmehls auf dieselbe Weise unterarbeiten. Den Teig in eine gefettete, mit Backpapier belegte Springform (Ø 28 cm) füllen, glattstreichen, auf dem Rost in den Backofen schieben.
Ober-/Unterhitze:
180–200 °C (vorgeheizt)
Heißluft:
160–180 °C (nicht vorgeheizt)
Gas: Stufe 3–4 (nicht vorgeheizt)
Backzeit: 30–35 Minuten.
Sofort nach dem Backen den Tortenboden aus der Form lösen, auf einen Kuchenrost stürzen, das Backpapier abziehen, den Tortenboden erkalten lassen, zweimal durchschneiden. Für die Füllung die Gelatine mit Wasser anrühren, 10 Minuten zum Quellen stehen lassen, unter Rühren erwärmen, bis sie gelöst ist, dann den Zitronensaft unterrühren. Die Sahne steif schlagen, die aufgelöste Gelatine und den Ahornsirup unterschlagen, 1/4 der Sahne in einen Spritzbeutel mit Sterntülle füllen, den unteren Tortenboden mit der Hälfte der Preiselbeer-Konfitüre bestreichen, 1/3 der Sahne darauf streichen, mit dem zweiten Tortenboden bedecken, etwas andrücken, mit der restliche Konfitüre bestreichen (1 EL zum Garnieren zurückbehalten). Die Hälfte der restlichen Sahne darauf streichen, den dritten Tortenboden darauf legen, etwas andrücken, Rand und Oberfläche der Torte mit der restlichen Sahne einstreichen, mit der Sahne aus dem Spritzbeutel verzieren. Kurz vor dem Servieren mit der zurückgelassenen Konfitüre oder frischen Preiselbeeren garnieren.

TRÜFFELTORTE

(ohne Foto)

Für den Biskuitteig:
4 Eier
3–4 EL heißes Wasser
175 g Zucker
1 Pck.Vanillin-Zucker
100 g Weizenmehl
100 g Speisestärke
30 g Kakao
3 gestr. TL Backpulver

Für die Füllung:
125 g Butter
150 g Puderzucker
100 g Kakao
1 Ei
1 Pck. Jamaica-Rum-Aroma
2 EL Wasser
1 Pck. Vanillin-Zucker

Für den Guß:
100 g Schokolade
etwas Kokosfett
75 g Schokoladenstreusel

Für den Teig die Eier und Wasser mit dem Handrührgerät mit Rührbesen auf höchster Stufe in 1 Minute schaumig schlagen. Den Zucker mit Vanillin-Zucker mischen, in 1 Minute einstreuen, dann noch etwa 2 Minuten schlagen.
Das Mehl mit Speisestärke, Kakao und Backpulver mischen, die Hälfte auf die Eiercreme sieben, kurz auf niedrigster Stufe unterrühren. Den Rest des Mehlgemisches auf dieselbe Weise unterarbeiten. Den Teig in eine gefettete, mit Backpapier belegte Springform (Ø etwa 28 cm) füllen. Die Form auf dem Rost in den Backofen schieben.
Ober-/Unterhitze:
180–200 °C (vorgeheizt)
Heißluft: –
Gas: Stufe 3–4 (vorgeheizt)
Backzeit: 25–30 Minuten.
Den Tortenboden gut auskühlen lassen.
Für die Füllung die Butter geschmeidig rühren, Puderzucker mit Kakao mischen, sieben, nach und nach abwechselnd mit Ei und Rum-Aroma unterrühren, 16 Teelöffel davon abnehmen, jedesmal so viel, daß sich aus einem Teelöffel Masse eine kirschgroße Kugel formen läßt, die Masse kalt stellen. Unter den Rest der Füllung Wasser und Vanillin-Zucker rühren. Den Tortenboden zweimal durchschneiden, mit der Kakaomasse füllen. Für den Guß die Schokolade in kleine Stükke brechen, mit etwas Kokosfett in einem kleinen Topf im Wasserbad bei schwacher Hitze zu einer geschmeidigen Masse verrühren, die Torte gleichmäßig damit überziehen, den Rand und einen 2 cm breiten Rand auf der Torte mit Schokoladenstreuseln bestreuen. Aus der kalt gestellten Masse 16 Kugeln formen, in den restlichen Schokoladenstreuseln wälzen (in einem Kaffeesieb), kranzförmig auf die Torte legen.

BAUMRINDEN-TORTE

Für den Knetteig:
150 g Weizenmehl
40 g Zucker
1 Pck. Vanillin Zucker
100 g weiche Butter
oder Margarine

Für den Biskuitteig:
150 g Marzipan-Rohmasse
175 g Zucker
6 Eigelb
2 EL heißes Wasser
abgeriebene Schale von
1 Zitrone oder Orange
(unbehandelt)
6 Eiweiß
75 g Weizenmehl
75 g Speisestärke
1 Msp. Backpulver

Für die Füllung:
1 Pck. Pudding-Pulver
Vanille-Geschmack
500 ml (1/2 l) Milch
200 g Nuß-Nougat-Masse
250 g weiche Butter

Zum Bestreichen:
2 EL Johannisbeer-Gelee

50 g Marzipan-Rohmasse
25 g gesiebter Puderzucker

Für den Knetteig das Mehl in eine Rührschüssel sieben, den Zucker, Vanillin- Zucker und Butter oder Margarine hinzufügen. Die Zutaten mit dem Handrührgerät mit Knethaken zunächst kurz auf niedrigster, dann auf höchster Stufe gut durcharbeiten, anschließend auf der Arbeitsfläche zu einem glatten Teig verkneten. Den Teig eine Zeitlang kalt stellen, ihn dann auf dem Boden einer Springform (Ø 28 cm) ausrollen, mehrmals mit einer Gabel einstechen, mit Springformrand backen.

Ober-/Unterhitze:
200–220 °C (vorgeheizt)
Heißluft: –
Gas: Stufe 3–4 (vorgeheizt)
Backzeit: etwa 15 Minuten.

Den Tortenboden sofort nach dem Backen vom Springformboden lösen, ihn aber auf dem Springformboden erkalten lassen.

Für den Biskuitteig Marzipan-Rohmasse mit Zucker, Eigelb und Wasser mit dem Handrührgerät mit Rührbesen dickcremig schlagen. Zitronen- oder Orangenschale hinzufügen. Das Eiweiß steif schlagen, auf die Eigelbcreme geben. Das Mehl mit Speisestärke und Backpulver mischen, auf den Eischnee sieben, alles vorsichtig miteinander vermengen. Den Teig auf ein gefettetes, mit Backpapier belegtes Backblech streichen. Das Papier an der offenen Seite des Backblechs zur Falte knicken, so daß ein Rand entsteht, sofort backen.

Ober-/Unterhitze:
200–220 °C (vorgeheizt)
Heißluft: –
Gas: Stufe 3–4 (vorgeheizt)
Backzeit: 10–15 Minuten.

Die gebackene Biskuitplatte auf ein mit Zucker bestreutes Papier stürzen, das Pergamentpapier abziehen.

Für die Füllung aus Pudding-Pulver und Milch nach der Packungsanleitung (aber ohne Zucker) einen Pudding kochen. Die Nuß-Nougat-Masse in Stücke schneiden, unter den heißen Pudding rühren, bis sich die Nuß-Nougat-Masse mit dem Pudding verbunden hat, unter Rühren erkalten lassen. Die Butter geschmeidig rühren, nach und nach den Pudding unterrühren, gut die Hälfte der Creme auf die Biskuitplatte streichen, diese in etwa 4 cm breite Streifen schneiden. Den Knetteigboden mit Johannisbeer-Gelee bestreichen, darauf – von der Mitte ausgehend – die Cremestreifen spiralförmig zusammenstellen, die Streifen evtl. halbieren. Die Torte mit der restlichen Creme bestreichen, am Rand mit einer Gabel senkrecht Rillen ziehen. Die Marzipan-Rohmasse mit Puderzucker verkneten, auf gesiebtem Puderzucker ausrollen, Blätter ausschneiden.

Die Marzipanreste zu dünnen Rollen formen, in Form von Ästen auf dieTorte legen, die Marzipanblätter daranlegen, die Torte gut gekühlt servieren.

Träume aus Marzipan
Pralinen

und Schokolade

und Petits fours

NOUGAT-PRALINEN

(Foto Seite 120/121)

Für die Masse:
125 g Schlagsahne
250 g Vollmilch- oder Zartbitter-Kuvertüre
150 g Nuß-Nougat
30 g Butter
2 EL Erdnußbutter
Eiswasser

Zum Garnieren:
Mandeln
gehackte Pistazien
flüssige weiße oder Zartbitter-Schokolade
Schokoladenblättchen
kandierte Kirschen

Für die Masse die Sahne aufkochen lassen. Die Kuvertüre darin auflösen, den Topf von der Kochstelle nehmen. Nuß-Nougat mit Butter und Erdnußbutter unterrühren. Den Topf in eine Schüssel mit Eiswasser stellen. Die Masse mit dem Handrührgerät mit Rührbesen so lange schlagen, bis sie schaumig und kalt ist. Die Masse in einen Spritzbeutel mit gezackter oder gelochter Tülle füllen, in Pralinenförmchen spritzen, mit den angegebenen Zutaten garnieren.

BUNTE PETITS FOURS

Für den Biskuitteig:
3 Eier
3 EL warmes Wasser
100 g Zucker
1 Pck. Vanillin-Zucker
100 g Weizenmehl
1 gestr. TL Backpulver
75 g zerlassene, abgekühlte Butter

Für die Herzen:
50 g Puderzucker
100 g Marzipan-Rohmasse
150 g zartbittere Schokolade
100 g Puderzucker
3 EL rotes Johannisbeergelee
etwa 3 TL Wasser

Für die Törtchen:
75–100 g Nuß-Nougat-Masse
20 g Kokosfett
125 g Puderzucker
1–2 EL Zitronensaft
Liebesperlen oder kandierte Früchte

Für die Kugeln:
2 EL Curaçao
35 g Kokosfett
25 g Puderzucker
1 gestr. EL Kakao
1 Pck. Vanillin-Zucker
1 Ei
Schokoladenstreusel

Für den Teig die Eier mit dem Handrührgerät mit Rührbesen auf höchster Stufe 1 Minute schlagen. Zucker und Vanillin-Zucker mischen, in 1 Minute einstreuen, dann noch 2 Minuten schlagen. Das Mehl und das Backpulver mischen, die Hälfte auf die Eiercreme sieben, kurz auf niedrigster Stufe unterrühren. Den Rest des Mehlgemisches auf dieselbe Weise unterrühren, zuletzt die zerlassene, abgekühlte Butter dazugeben. Den Teig etwa 1 cm dick auf ein mit Backpapier belegtes Backblech streichen (damit der Teig an der offenen Seite des Backblechs nicht auslaufen kann, das Papier unmittelbar vor dem Teig zu einer Falte knicken, so daß ein Rand entsteht), das Backblech in den Backofen schieben, sofort backen.
Ober-/Unterhitze: 200–220 °C (vorgeheizt)
Heißluft: 180–200 °C (nicht vorgheizt)
Gas: Stufe 3–4 (vorgeheizt)
Backzeit: etwa 15 Minuten.
Den Biskuit sofort nach dem Backen auf ein mit Zucker bestreutes Geschirrtuch stürzen. Das Backpapier mit kaltem Wasser bestreichen, vorsichtig, aber schnell abziehen.
Aus dem Biskuit mit einer kleinen Form 32 Herzen ausstechen, mit einem Ring (Ø etwa 4 cm) 36 Törtchen ausstechen, mit einem Messer 22 Rauten (verschobene Quadrate, 3 x 3 cm) ausschneiden.
Für die Herzen den Puderzucker sieben, mit der Marzipan-Rohmasse verkneten, knapp 1/2 cm dick aus-

rollen, 16 Herzen (in der Größe der Biskuitherzen) ausstechen. Die Schokolade in kleine Stücke brechen, in einem kleinen Topf im Wasserbad zu einer geschmeidigen Masse verrühren. Die Hälfte der Biskuitherzen mit etwas von der Schokolade bestreichen. Die restlichen Biskuitherzen darauf legen, ebenfalls mit Schokolade bestreichen und die Marzipanherzen darauflegen, gut andrücken. Das restliche Marzipan und die Schokoladenmasse aufheben. Den Puderzucker sieben, mit Johannisbeergelee und Wasser zu einem dickflüssigen Guß verrühren, die Herzen damit überziehen.
Für die Törtchen die Nuß-Nougatmasse in einem kleinen Topf im Wasserbad zu einer geschmeidigen Masse verrühren. Die Hälfte der Törtchen damit bestreichen, die restlichen Törtchen darauf legen. Die restliche Nuß-Nougat-Masse aufheben, die restliche Schokoladenmasse mit dem Kokosfett in einem kleinen Topf im Wasserbad zu einer geschmeidigen Masse verrühren, die Törtchen damit überziehen. Für die Rauten das restliche Marzipan dünn ausrollen, in 11 Rauten (verschobene Quadrate, 3 x 3 cm) schneiden. Die Hälfte der Biskuitrauten mit Nuß-Nougat-Masse bestreichen, die restlichen Biskuitrauten darauf legen. Den Puderzucker sieben, mit Zitronensaft zu einem dickflüssigen Guß verrühren. Die Rauten damit überziehen, die Herzen und die Törtchen mit übriggebliebener Zitronen- oder Schokoladenglasur bespritzen, mit Liebesperlen oder kandierten Früchten garnieren. Aus dem Marzipanrest einen Streifen ausrollen, mit der restlichen Schokoladenmasse bestreichen, aufrollen, kalt stellen, in Scheiben schneiden. Die Biskuitrauten damit garnieren.
Für die Kugeln die Biskuitreste zerkrümeln, in eine Rührschüssel geben, mit Curaçao beträufeln.

Das Kokosfett zerlassen, abkühlen lassen. Den Puderzucker und Kakao sieben, in eine Rührschüssel geben, den Vanillin-Zucker hinzufügen. Das Ei und nach und nach das Kokosfett unterrühren. Die Masse mit den Biskuitkrümeln verrühren, etwa 10 Kugeln daraus formen, in Schokoladenstreuseln wenden (am besten in einem Kaffeesieb), kalt stellen, damit sie fest werden.

TIP *Petits fours gehören zum klassischen Kleingebäck und werden als Abschluß eines festlichen Menüs zum Kaffee oder Mokka gereicht.*

PISTAZIEN-MARZIPAN-HERZEN

Für die Masse:
200 g Marzipan-Rohmasse
100 g gesiebter Puderzucker
50 g gem. Pistazienkerne
1 EL Kirsch- oder Marillen-Likör
gesiebter Puderzucker
150–200 g Halbbitter-Kuvertüre
Pistazienkerne

Für die Masse die Marzipan-Rohmasse mit dem Puderzucker, Pistazienkernen, Kirsch- oder Marillen-Likör mit dem Handrührgerät mit Knethaken verkneten. Die Masse auf dem gesiebten Puderzucker etwa 1 cm dick ausrollen, mit einem Garnierausstecher Herzen ausstechen (die Ausstechförmchen jeweils vorher in gesiebten Puderzucker tauchen). Die Marzipan-Herzen vorsichtig aus der Form drücken (an der Form haftende Marzipanreste entfernen), die Marzipan-Herzen mit Alufolie abgedeckt 1–2 Stunden kühl stellen. Die Kuvertüre in kleine Stücke schneiden, in einem kleinen Topf im Wasserbad bei schwacher Hitze geschmeidig rühren.
Die Marzipan-Herzen einzeln in die Kuvertüre tauchen, auf einer schmalzinkigen Gabel herausheben. Die Kuvertüre am Topfrand gut abstreifen, die Herzen auf Pergamentpapier setzen, mit Pistazienkernen garnieren, den Guß fest werden lassen (evtl. zwischendurch umsetzen).

PFEFFERMINZ-TALER

Für die Masse:
500 g Puderzucker
1 Eiweiß
3 TL Zitronensaft
1/2 TL Pfefferminzöl (aus der Apotheke)

Für den Guß:
200 g Halbbitter-Kuvertüre

Für die Masse den Puderzucker sieben (etwas davon zurücklassen), mit Eiweiß, Zitronensaft und Pfefferminzöl in einer Schüssel mit dem Handrührgerät mit Knethaken so lange gut verkneten, bis eine ziemlich feste, aber geschmeidige Masse entstanden ist. Auf dem restlichen Puderzucker etwa 1/2 cm dick ausrollen, mit einer runden Form (Ø etwa 3 cm) Taler ausstechen, den restlichen Teig wieder zusammendrükken, ausrollen, Taler ausstechen.
Die Halbbitter-Kuvertüre in einem kleinen Topf im Wasserbad zu einer geschmeidgen Masse verrühren, die Taler mit einer Gabel in die Kuvertüre tauchen, Taler am Rand des Gefäßes erst abklopfen, dann abstreifen, damit der Guß nicht zu dick wird, die Taler auf Pergamentpapier absetzen. Um ein Streifenmuster zu erzielen, nach jedem 4. oder 5. Überziehvorgang mit der Kuvertüre die Gabel auf die Oberfläche der Pfefferminztaler drücken, nach oben wegziehen.

NOUGAT-PISTAZIEN-TUFFS

150 g Nuß-Nougat-Masse
100 g Vollmilch-Schokolade
200 ml Schlagsahne
50 g Kokosfett
Pistazienkernen

Die Nuß-Nougat-Masse und Vollmilch-Schokolade zerkleinern, mit Sahne und Kokosfett unter Rühren erhitzen, bis eine glatte Masse entstanden ist, kalt stellen. Während des Erkaltens ab und zu durchrühren. Die erkaltete Masse kurz durchrühren, in einen Spritzbeutel mit gezackter Tülle füllen, in Papier-Pralinen-Förmchen spritzen, mit Pistazienkernen garnieren.

MANDEL-INGWER-KROKANT

(ohne Foto)

Für die Masse:
250 g Zucker
200 g Honig
100 g weiche Butter
250 g abgezogene, gehobelte Mandeln
75–100 g feingewürfelter Ingwer (aus dem Glas)
Speiseöl

Für den Guß:
100 g Halbbitter-Kuvertüre

Für die Masse den Zucker in einem Topf schmelzen lassen, den Honig und Butter unter Rühren hinzufügen, so lange rühren, bis eine einheitliche Masse entstanden ist.
Die Mandeln und Ingwer unterrühren, die Masse zum Kochen bringen, einige Minuten unter ständigem Rühren kochen lassen. Ein Backblech gut mit Speiseöl bestreichen, die Masse 1–2 cm dick darauf streichen, etwas abkühlen lassen, in kleine Rauten, Dreiecke oder Rechtecke schneiden, erkalten lassen.
Für den Guß die Kuvertüre in einem kleinen Topf im Wasserbad bei schwacher Hitze geschmeidig rühren, die Mandel-Ingwer-Krokant-Stücke jeweils mit 1 oder 2 Ecken hineintauchen, auf Pergamentpapier setzen, den Guß fest werden lassen. Mandel-Ingwer-Krokant in gut schließenden Dosen kühl aufbewahren.

SCHOKOLADEN-PETITS FOURS

Für den Biskuitteig:
2 Eier
3 EL warmes Wasser
100 g Zucker
1 Pck. Vanillin-Zucker
75 g Weizenmehl
50 g Speisestärke
1 gestr. TL Backpulver
1 EL Kakao

Für die Füllung:
25 g weiche Butter
etwa 75 g weiche Nuß-Nougat-Masse

Für den Guß:
etwa 150 g Zartbitter oder Vollmilch-Schokolade
20 g Kokosfett

Für den Belag:
75 g Marzipan-Rohmasse
gesiebter Puderzucker

Zum Bestreichen:
1 EL Zitronensaft

Zum Garnieren:
halbierte, kandierte Kirschen

Für den Biskuitteig die Eier mit Wasser mit dem Handrührgerät mit Rührbesen 1 Minute auf höchster Stufe schlagen. Den Zucker mit Vanillin-Zucker mischen, einstreuen, noch 2 Minuten schlagen. Das Mehl, Speisestärke, Backpulver und Kakao mischen, sieben, kurz auf Stufe 1 unterrühren, den Teig etwa 1 cm dick auf ein mit Pergamentpapier belegtes Backblech streichen. An der offenen Seite des Backblechs das Papier unmittelbar vor dem Teig zur Falte knicken, so daß ein Rand entsteht, backen.

Ober-/Unterhitze:
180–200 °C (vorgeheizt)
Heißluft: –
Gas: Stufe 3–4 (vorgeheizt)
Backzeit: 10–15 Minuten.
Den Biskuit nach dem Backen sofort auf ein mit Zucker bestreutes Pergamentpapier stürzen, das Papier mit kaltem Wasser bestreichen, vorsichtig, aber schnell abziehen, den Biskuit kalt stellen, kleine Sterne ausstechen.
Für die Füllung die Butter mit der Nuß-Nougat-Masse verrühren, die Hälfte der Sterne mit der Nougatmasse bestreichen, die übrigen darauf setzen.
Für den Guß die Schokolade mit dem Kokosfett in einem kleinen Topf im Wasserbad zu einer geschmeidigen Masse verrühren, die Seiten der Sterne damit bestreichen.
Für den Belag die Marzipan-Rohmasse auf gesiebtem Puderzucker ausrollen, für jeden Biskuitstern einen Marzipanstern ausstechen.
Die Marzipansterne mit dem Zitronensaft bestreichen, auf die Biskuitsterne legen, mit Kirschen garnieren.

CALVADOS-PRALINEN

Für die Masse:
4 Apfelringe (getrocknet)
3 EL Calvados
200 ml Schlagsahne
250 g Zartbitter-Kuvertüre
100 g Kokosfett

Zum Garnieren:
Pistazienkerne
Mandelsplitter

Für die Masse die Apfelringe sehr fein würfeln, mit Calvados übergießen, zugedeckt 3–4 Stunden ziehen lassen. Die Sahne zum Kochen bringen, von der Kochstelle nehmen. Die Kuvertüre fein schneiden, zusammen mit dem Kokosfett zu der Sahne geben, unter Rühren auflösen, abkühlen lassen, bis die Masse halbfest ist, dann cremig aufschlagen. Die Apfelstücke mit dem Calvados unterrühren, die Masse in einen Spritzbeutel mit weiter Stern- oder Lochtülle geben, Tuffs in Pralinenförmchen spritzen, mit in Stücke geschnittenen Pistazienkernen und Mandelsplittern garnieren.

ORANGEN-MARZIPAN

Für die Masse:
50 g Orangeat
Schale von 1 Orange (unbehandelt)
100 g gem. Haselnußkerne
200 g Marzipan-Rohmasse
2 EL Cointreau

Für den Guß:
100 g weiße Schokolade
1 TL Kakao

Das Orangeat sehr fein hacken. Die Orange mit heißem Wasser abwaschen, abtrocknen. Die Schale abreiben. Orangeat, Orangenschale und Haselnußkerne mit der Marzipan-Rohmasse und dem Cointreau zu einem glatten Teig verkneten. Zwischen den Handflächen zu walnußgroßen Kugeln formen, auf Pergamentpapier oder Alufolie setzen, leicht flachdrücken. Die Schokolade in einem kleinen Topf im Wasserbad zu einer geschmeidigen Masse verrühren (1 Eßlöffel abnehmen). Die Kugeln damit überziehen, die restliche aufgelöste Schokolade (1 Eßlöffel) mit 1 Teelöffel Kakao verrühren, die Kugeln damit bespritzen.

RUMKUGELN

(ohne Foto)

Für die Masse:
Etwa 500 g Biskuitteigbödenreste
4 EL Rum
250 ml (1/4 l) Wasser
125 g Kokosfett
65 g Puderzucker
20 g Kakao
1 Pck. Vanillin-Zucker
1 Fläschchen Rum-Aroma
1 Ei

Zum Wälzen:
etwa 75 g Schokoladenstreusel

Für die Masse die Biskuitteigbödenreste zerkrümeln, in eine Rührschüssel geben. Den Rum mit Wasser mischen, die Biskuitkrümel damit beträufeln. Das Kokosfett zerlassen, abkühlen lassen. Den Puderzucker mit dem Kakao in eine Rührschüssel sieben, Vanillin-Zucker und Rum-Aroma hinzufügen. Das Ei und nach und nach das Kokosfett unterrühren. Die Masse unter die Biskuitkrümel rühren, etwa 15 Kugeln daraus formen, in Schokoladenstreuseln wälzen, kalt stellen, damit sie fest werden.

CAPPUCCINO-PRALINEN

(Für etwa 120 Stück)

Für die Masse:
600 g Zartbitter-Kuvertüre
200 g Vollmilch-Kuvertüre
80 g Kokosfett
50 g Puderzucker
250 g weiche Butter
1 Pck. Vanillin-Zucker
Salz
4 TL Instant-Kaffee
1 EL heißes Wasser
3–4 EL Kaffee-Likör
kandierte Veilchen und Rosenblätter

120 Stanniol-Kapseln

Für die Masse die Zartbitter-Kuvertüre in Stücke brechen, im heißen Wasserbad auflösen. Die Stanniol-Kapseln nebeneinander bereitstellen. Mit Kuvertüre ausgießen. Die Kapseln wieder ausleeren, so daß nur die Innenwände bedeckt sind. Die Kuvertüre in den Kapseln erstarren lassen. Die Vollmilch-Kuvertüre in Stücke schneiden, im heißen Wasserbad auflösen, auf Zimmertemperatur abkühlen lassen. Das Kokosfett schmelzen, abkühlen lassen. Den Puderzucker sieben. Die Butter mit dem Kokosfett, Puder- und Vanillin-Zucker und Salz schaumig schlagen. Die Vollmilch-Kuvertüre und den in dem Wasser aufgelösten Instant-Kaffee unterrühren. Nach und nach den Kaffee-Likör zugeben. Die Masse kühl stellen. In einen Spritzbeutel mit Lochtülle füllen, in die Kapseln füllen, kalt stellen, bis die Masse vollständig fest ist. Die restliche Zartbitter-Kuvertüre erneut schmelzen, abkühlen lassen. Die Oberflächen in den Kapseln damit zugießen. Mit Veilchen und Rosenblättern dekorieren, fest werden lassen.

WEICH-KROKANT-ECKEN

Für die Masse:
200 g abgezogene, gemahlene Mandeln
500 g Puderzucker
50 g Honig, 50 g Butter
1 Vanilleschote
300 g Marzipan-Rohmasse
125 ml (1/8 l) Schlagsahne

Für den Guß:
100 g Halbbitter-Kuvertüre

Für die Masse die Mandeln auf ein gefettetes Backblech geben, goldbraun rösten.
Ober-/Unterhitze:
etwa 200 °C (vorgeheizt)
Heißluft:
etwa 180 °C (nicht vorgeheizt)
Gas: Stufe 3–4 (vorgeheizt)
Röstzeit: 6–8 Minuten.
Den Puderzucker sieben, mit Honig und Butter in einen Topf geben, unter Rühren so lange erhitzen, bis die Masse karamelisiert, kurz aufkochen lassen, den Topf von der Kochstelle nehmen. Die Vanillestange aufschneiden, das Mark herauskratzen. Die Marzipan-Rohmasse in grobe Würfel schneiden, die beiden Zutaten mit den Mandeln unter die Karamellmasse rühren. Die Sahne zuletzt unterrühren, die Masse auf ein gefettetes Backblech streichen, etwas abkühlen lassen, mit einem scharfen Messer erst in etwa 2 cm breite Streifen, dann in Rauten schneiden, erkalten lassen, mit einem Messer stückweise vom Blech lösen.
Für den Guß die Halbbitter-Kuvertüre in Stücke schneiden, in einem kleinen Topf im Wasserbad bei schwacher Hitze zu einer geschmeidigen Masse verrühren, zwei Rautenecken in die Kuvertüre tauchen, am Rand des Gefäßes abstreichen, zum Trocknen auf Pergamentpapier oder Alufolie setzen.

MANDELKONFEKT

(ohne Foto)

Für die Mandelmasse:
50 g Butter
200 g Zucker
2 Pck. Vanillin-Zucker
250 ml (1/4 l) Schlagsahne
300 g abgezogene, gehobelte Mandeln
150 g feingewürfeltes Orangeat
50–60 Oblaten (Ø 4 cm)

Für den Guß:
150 g Kuvertüre

Für die Mandelmasse die Butter mit dem Zucker und Vanillin-Zucker unter Rühren so lange erhitzen, bis der Zucker leicht gebräunt ist. Die Sahne hinzufügen, unter Rühren so lange erhitzen, bis der Zucker gelöst ist.
Die Mandeln und Orangeat unterrühren, die Masse nochmals unter ständigem Rühren so lange erhitzen, bis sie gut gebunden und fest ist.
Die Mandelmasse leicht bergartig auf die Oblaten streichen, sie auf ein Backblech legen, in den Backofen schieben.
Ober-/Unterhitze:
180–200 °C (vorgeheizt)
Heißluft:
160–180 °C (nicht vorgeheizt)
Gas: Stufe 3–4 (vorgeheizt)
Backzeit: etwa 10 Minuten.
Für den Guß die Kuvertüre in einem kleinen Topf im heißen Wasserbad zu einer geschmeidigen Masse verrühren. Das erkaltete Konfekt mit der Unterseite in die Kuvertüre tauchen oder damit bestreichen. Wenn die Kuvertüre festgeworden ist, das Mandelkonfekt in gut schließende Gläser oder Dosen geben, kühl aufbewahren.

NUSSTRÜFFEL

Für die Masse:
75 g Butter
75 g gesiebter Puderzucker
1 Pck. Vanillin-Zucker
200 g Zartbitterschokolade
75 g gem. Haselnußkerne

Für die Masse die Butter mit dem Handrührgerät mit Rührbesen geschmeidig rühren. Puderzucker und Vanillin-Zucker unterrühren.
Zartbitterschokolade in Stücke brechen, in einem kleinen Topf im Wasserbad glattrühren, unter die Butter-Zucker-Masse rühren.
2/3 von den Haselnußkernen hinzufügen, die Masse eine Zeitlang kalt stellen, kleine Kugeln formen, in den restlichen Haselnußkernen wälzen. Die Nußtrüffel in Cellophantüten verpacken oder in verschlossenen Glas- oder Porzellangefäßen kühl aufbewahren.

TIP *Besonders nussig schmecken die Trüffel, wenn die Haselnußkerne vor der Verarbeitung geröstet werden.*

Das A und O fürs

Weihnachtsgebäck Ratgeber

Arbeitserleichternd – nicht nur bei der Weihnachtsbäckerei – sind die richtigen Backgeräte und gute Backformen; sie tragen wesentlich zum Gelingen der Gebäcke bei.

Bei der Auswahl der Backformen sollte darauf geachtet werden, ob in einem Elektro- oder in einem Gasherd gebacken wird, da das Material der Formen das Backergebnis mit beeinflußt. Unentbehrlich sind die vielen Gewürze und Aromen wie Zimt, Nelken, Kardamom und mehr. Sie richtig dosiert einzusetzen, erfordert Fingerspitzengefühl und Kenntnisse ihrer geschmacklichen Eigenschaften.

Zweckmäßige Backgeräte

Richtige, zweckmäßige Geräte sind sowohl für den Profi als auch für den Anfänger unentbehrliche Küchenhelfer. Die gute Qualität der Geräte und Hilfsmittel beeinflußt nicht unwesentlich die Backergebnisse.

Meß- und Wiegegeräte sind von großer Wichtigkeit, damit die Rezepturen genau nachvollzogen werden können, z.B. eine genaue Küchenwaage evtl. zum Zuwiegen und ein übersichtlich eingeteilter Meßbecher.

Rührlöffel (günstig mit durchlochtem Blatt). Zum Rühren verschiedener Zutaten.

Teigrädchen zum Ausschneiden ausgerollter Teige, die damit einen dekorativ gezackten Rand erhalten.

Schneebesen in unterschiedlichen Größen, z.B. zum Schlagen von Sahne, Eiern oder Creme bzw. zum Unterheben lockerer, empfindlicher Massen.

Palette, Metallspachtel; einem breiten, großen aber stumpfen Messer ähnlich. U.a. zum Lösen evtl. angeklebter Teige beim Ausrollen. Eignet sich auch zum Bestreichen von Teigen mit Creme usw. oder Umsetzen von Kleingebäck oder Kuchen.

Ausstechförmchen für Kekse oder Weihnachtsgebäck.

Teigschaber zum Umfüllen von Teigen aus der Rührschüssel oder zum Verstreichen von Kuchenteig in Backformen.

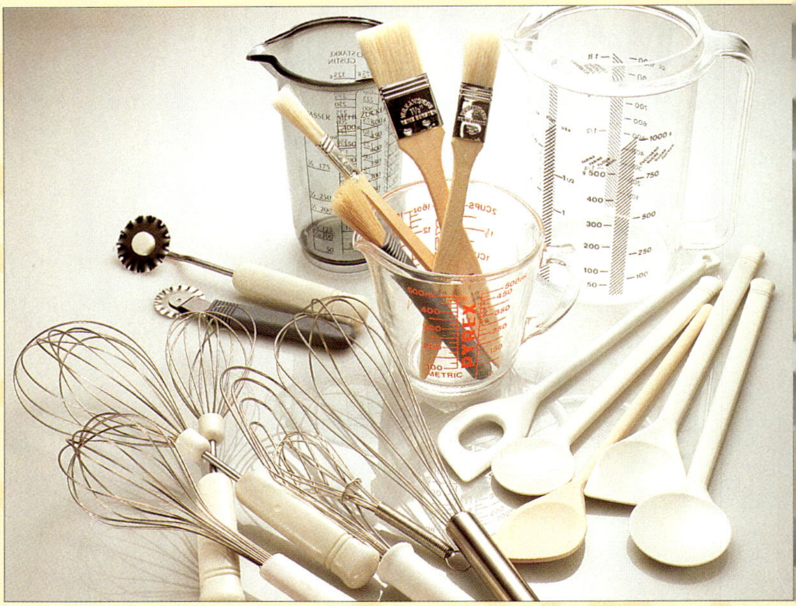

Backpinsel zum Ausfetten von Backformen, Bestreichen von Gebäck, Auftragen von Glasuren usw.

Kuchengitter zum fachgerechten Auskühlen von Gebäck (kühlt Gebäck auf Kuchenplatten aus, beginnt die Bodenunterseite zu schwitzen und wird feucht).

Reiben, z.B. für Zitronenschale und Schokolade.

Kurzzeitwecker zum Einhalten der genauen Backzeiten.

Spritzbeutel mit verschiedenen Tüllen, z.B. zum Verzieren von Gebäck oder zum Spritzen von Teigen.

Siebe für Mehl, Speisestärke, Kakao oder Backpulver. Für kleine Mengen ist das Einhand-Mehlsieb besonders zu empfehlen.

Tortenteiler. Er verhilft zur problemlosen Einteilung gleich großer Stücke.

Tortenscheibe aus Chromargan oder stabilem Kunststoff, z.B. zum Umsetzen von Torten oder Abheben durchgeschnittener (halbierter) Tortenböden.

Teigrolle (Rollholz). Aus Holz oder Kunststoff. Zum Ausrollen von Teigen oder zerkleinerter, fester Zutaten.

Backhitzen

Strom, Gas, Heißluft
Die richtig eingestellte Backtemperatur ist genauso wichtig wie der Zubereitungsablauf der Gebäcksorten. Leider weichen die Backöfen der Hersteller in der Skaleneinteilung voneinander ab. Deshalb sollte Gebäck gegen Ende der Backzeit genau beobachtet werden. Mit der Holzstäbchen-Probe kann geprüft werden, ob es fertig gebacken ist.

Gas- und Elektro-Backöfen
Bevor das Gebäck in den Backofen eingeschoben wird, sollte dieser auf die vorgeschriebene Temperatur eingestellt und vorgeheizt werden. Das gilt besonders für Elektrobacköfen. Gas- und Heißluftherde werden sehr schnell heiß und benötigen keine bzw. nur eine sehr kurze Vorheizzeit.
Erreicht der Backofen die eingestellte Temperatur, so erlischt die Kontrollampe, und das Gerät ist betriebsfertig. Dann kann der Backvorgang beginnen.
Hohe Gebäckstücke wie z.B. Kastenkuchen oder Guglhupf werden mit einer niedrigeren Backtemperatur (180–200 °C/Gas: Stufe 3–4) gebacken als flache Gebäcke, wie z.B. Kleingebäck (200–220 °C/Gas: etwa Stufe 4). Teigbeschaffenheit und Teigzusammensetzung sind für die Backtemperatur und Backzeit ausschlaggebend.
Hohe Gebäckstücke werden im allgemeinen auf dem Rost auf die untere Einschubleiste und flache auf dem Rost auf die mittlere Einschubleiste geschoben.

Backöfen mit Heißluftsystem
Dieses System ermöglicht es, gleichzeitig in mehreren Ebenen (bis zu 4 Blechen) zu backen.
Die Backtemperatur für Gebäcke im Heißluftherd kann etwa 10–15 % niedriger eingestellt werden als für Backöfen mit Ober- und Unterhitze. Die intensivere Hitze läßt das Gebäck schneller bräunen.

Kombinierte Herde
Moderne Backöfen können inzwischen sowohl auf Ober- oder Unterhitze als auch auf das Heißluftsystem eingestellt werden. Somit kann man selbst entscheiden, wie die einzelnen Gebäcksorten gebacken werden sollen.

Backformen

Für das Backen der verschiedenen Teige und optimale Gelingen der Gebäcke ist das Material der verwendeten ***Backform*** mitentscheidend. Aber auch das vorhandene Herdsystem sollte beim Kauf von Backformen berücksichtigt werden.

A. DAS MATERIAL

Weißblech-Formen
Für die direkte Wärmeabgabe, z.B. in Gasherden, ist Weißblech, rauhverzinnt, besonders gut geeignet. Weniger gut eignen sich Weißblech-Formen für Elektroherde.
Weißblech-Formen sollten vor der ersten Benutzung einmal leer eingebacken werden, d. h. die Form etwa 30 Minuten bei Backtemperatur in den Backofen setzen.
Wichtig ist, daß Teige in Weißblech-Formen auf dem Rost auf die untere Schiene in den Backofen geschoben werden, damit die Unterhitze den Teig zuerst erreicht und ein gleichmäßiges Bräunen gewährleistet.

Aluminium-Formen
Aluminium ist ein Metall, das eine gute Wärmefähigkeit und eine Korrosionsbeständigkeit aufweist. Diese Backformen sind für alle Herdarten gleichermaßen geeignet.

Schwarzlackierte Formen
Die dunklen Formen nehmen viel Hitze auf und geben diese Hitze auch sofort an den Teig weiter. Sie sind deshalb ideal für Elektro- und Umluftherde. Beim Backen in Gasherden sollte eine etwas niedrigere Temperatur und zusätzlich eine höher gelegene Einschubleiste gewählt werden.

Formen mit Antihaftbeschichtung
Die Antihaft-Beschichtung bei Weiß- und Stahlblech-Formen hat sich bei allen Herdsystemen bestens bewährt. Die dickere Wandstärke einer beschichteten Form speichert die Hitze besser, was zu einer Energieersparnis führt. Bei diesen Formen löst sich der Kuchen leicht, auch wenn die Form mal nicht so sorgfältig eingefettet wurde.

Keramik-Formen
Keramik-Formen speichern die Hitze wie ein Kachelofen und geben erst danach die Hitze weiter an das Backgut.
Auch hier sind die Formen in allen Herdarten einsetzbar. Es empfiehlt sich, die Formen weit unten im Backofen einzuschieben.

Zusätzlich gibt es weitere traditionelle Formen, wie z.B. Kleeblatt-, Herz-, Rosetten-, Stern- oder Rehrückenformen.

Für Kleingebäck gibt es eine Auswahl von Tortelett-Förmchen, Schiffchen usw., aber auch Papierförmchen, die nach Gebrauch weggeworfen werden.

Noch einen Satz zum Reinigen der Formen: Hier ist es am besten, die Backformen gleich nach dem Backen, sozusagen noch warm, auszuwaschen. Das geht bei beschichteten Backformen besonders problemlos.

Bei hartnäckigen Backresten sollte man keinesfalls mit scharfkantigem Werkzeug der Form sozusagen zu Leibe rücken, nicht an ihr kratzen oder scheuern. Vielmehr sollte die Form dann besser nochmals kurz in warmes Wasser gestellt, danach ausgespült und sorgfältig abgetrocknet werden.

B. DIE VERSCHIEDENEN FORMEN:

Die klassischen Kuchenformen sind Guglhupf-, Napfkuchen-, Kasten-, Obst- oder Springformen. Letztere wird mit einem auswechselbaren flachen Boden, aber auch mit einem zusätzlichen Rohrbodeneinsatz für Kranzkuchen angeboten. Drei bis vier Formen sollten in jeder Grundausstattung vorhanden sein. Diese klassischen Formen gibt es auch als Mini-Ausgabe für kleine Haushalte. Zur Grundausstattung gehören auch 1 bis 2 Backbleche. Ein Backblech wird meistens bei der Anschaffung des Backofens mitgeliefert.

Weihnachtliche Gewürzkunde

ANIS
Stark aromatische Samenkörner mit süßlichem Aroma. Gemahlen verflüchtigt sich das Aroma sehr schnell. Erst kurz vor Gebrauch und in geringen Mengen einkaufen.

BITTER-MANDELN
Steinfrucht des Bittermandelbaumes. Bitterer Geschmack mit Blausäuregehalt. Nur in kleinsten Mengen als geschmacksgebende Zutat verwenden.

INGWER
Gewürz aus dem Wurzelstock der Ingwerpflanze. Frisch, gemahlen, getrocknet, eingelegt in Sirup oder kandiert im Angebot. Stark würziger, leicht brennender Geschmack.

KARDAMOM
Getrocknete Kapselfrucht der einjährigen Korianderpflanze. Ganz oder gemahlen im Angebot. Leicht brennender, würziger Geschmack. Findet besonders bei der Weihnachtsbäckerei Verwendung.

KORIANDER
Getrocknete Früchte des Korianderstrauches mit süßlich, aromatischem Duft. Ganz, geschrotet oder gemahlen im Angebot; u.a. sehr beliebt für Gebäck wie z.B. Gewürzkuchen, Spekulatius, Printen, Lebkuchen.

KAKAOPULVER
Hergestellt aus Kakaopreßkuchen (Preßrückstand nach Abpressen der Kakaobutter aus Kakaobohnen). Angebot von Kakaopulver mit 20% und Kakaopulver mit 8% Fettgehalt in der Trockenmasse. Es ist gezukkert und ungezuckert zu erhalten.

MUSKAT
Muskatblüte, Macis; roter Samenmantel, welcher die Nuß umhüllt. Mildes Aroma, feiner, zarter Geschmack. ***Muskatnuß***, Frucht des immergrünen Muskatbaumes. Intensiver, würziger Geschmack. Sparsam dosieren. Beide Gewürze werden ganz und gemahlen angeboten.

NELKEN
Kurz vor dem Aufblühen geerntete dunkelbraune Blütenknospen des Gewürznelkenbaumes. Getrocknet, ganz oder gemahlen im Handel. Intensives Aroma mit kräftigem, leicht brennend-scharfem Geschmack. Sehr sparsam dosieren.

NELKENPFEFFER PIMENT
Getrocknete Beeren des Nelkenpfefferbaumes. Ganz oder gemahlen im Angebot; z.B. für Weihnachtsgebäck und Gewürzkuchen.

ROSENWASSER
Nebenprodukt (Kondensat) bei der Gewinnung von Rosenöl. Beliebt zum Aromatisieren von Teigen und Marzipan.

SAFRAN
Getrocknete Blütenstempel einer Krokuspflanze des Mittelmeerraumes. Stark färbend. Aromatischer, leicht bitterer Geschmack; sparsam dosieren.

SCHOKOLADE
Aus Kakao, Kakaobutter und Zukker hergestellt, mit unterschiedlichen Geschmacksrichtungen. Wird eingesetzt: gerieben, geschmolzen oder geraspelt für Teige, Füllungen oder Garnituren.

STERNANIS
Samenhülse des in Südchina beheimateten Würzbaumes. Im Geschmack ähnlich dem Anis. Beliebt für die Weihnachtsbäckerei, aber auch für Brot, Süßspeisen, Saucen.

VANILLE
Fermentierte Schotenfrucht einer Kletterorchidee. Verwendet wird das ausgekratzte Mark der Schote oder die ganze kleingeschnittene und vermahlene Schote. Ausgekratzte Schoten in Zucker legen und in einem (verschlossenem) Gefäß durchziehen lassen.

VANILLIN-ZUCKER
Zucker mit Vanillin, einem künstlichen Trockenaroma, vermischt.

ZIMT
Getrocknete Innenrinde des Zimtbaumes. Für die Herstellung von Gebäck ist der würzig, milde Ceylon-Zimt dem stark würzigen Kassia-Zimt (China) vorzuziehen.

ZITRONEN
Saft und Schale unbehandelter Früchte zum Würzen z.B. von Teigen, Cremes oder Füllungen.

Aufbewahren von Gebäck

Bereits Mitte November beginnt die Advents- und Weihnachtsbackzeit. Damit die vielen Plätzchen, Kuchen und Stollen auch an den Feiertagen noch saftig und knusprig sind, müssen sie sachgemäß aufbewahrt werden.

Formkuchen
Kuchen nach beendeter Backzeit aus dem Backofen nehmen, etwa 10 Minuten stehen lassen (Obstformgebäcke sofort aus der Form nehmen), bevor sie auf einen Kuchenrost gestürzt werden. Das gut ausgekühlte Gebäck in Alufolie eingewickelt aufbewahren.

Stollen
Nach dem völligen Erkalten auf dem Kuchenrost sollte der Stollen in Alufolie eingewickelt werden. So bleibt er, wenn er kühl und trocken gelagert wird, bis zu 4 Wochen frisch, und das Aroma der Früchte und Gewürze zieht durch das ganze Gebäck.

Makronengebäck
Makronen dürfen nicht zu stark ausgebacken werden. Wenn sie vom Backblech genommen werden, müssen sie sich unten noch weich anfühlen. Während des Auskühlens auf dem Kuchenrost trocknen die Makronen ausreichend nach und behalten ihre äußere Knusprigkeit in fest verschlossenen Dosen.

Plätzchen
Alle vom Backblech genommenen Plätzchen müssen auf einem Kuchenrost zunächst gut auskühlen. Erst wenn sie völlig erkaltet sind, können sie zur Aufbewahrung verpackt werden.
Alle Plätzchen müssen kühl und trocken aubewahrt werden.
Plätzchen, die knusprig bleiben sollen, werden in gut schließende Dosen gelegt. Plätzchen, die weich werden sollen, bleiben an der Luft stehen, bis sie die gewünschte Beschaffenheit haben, erst dann werden sie in Dosen mit lose aufgelegtem Deckel gelegt. Das Gebäck bleibt weich, wenn eine Scheibe Brot oder frische Apfelschale mit in die Dose gelegt wird.
Es können mehrere Sorten Gebäck gleicher Art in einer Dose aufbewahrt werden, zweckmäßigerweise jeweils durch eine Lage Alufolie oder Pergamentpapier getrennt. Dabei ist zu beachten, daß stark gewürzte Plätzchen gesondert verpackt werden müssen.

Würzig und saftig – Stollen und Honigkuchen

Kesses für den bunten Teller – Plätzchen

Spaß an Formen und Farben – Figürliches Backen

Weihnachtliche Klassiker – Kuchen

Himmlische Genüsse – Festtagstorten

Träume aus Marzipan und Schokolade – Pralinen und Petit fours

Ratgeber – Das A und O fürs Weihnachtsgebäck

A

B

C/D

E

F

G

H

I/J

K

L

M

Herausgeber: Genehmigte Lizenzausgabe für
Weltbild Verlag GmbH, Augsburg,1997

Projektleitung: Gisela Knutzen

Gestaltung: Kontur Design, Bielefeld

Kapitel- und Ratgebertexte: Gisela Knutzen, Annette Elges

Redaktion: Annette Elges, Jasmin Gromzik, Gisela Knutzen

Titelfoto: Thomas Diercks, Hamburg

Fotostudio Büttner, Bielefeld

Satz: adrupa, Paderborn

Reproduktion: Omnia Scanners, Mailand

Herstellung: Mohndruck, Gütersloh

Die Autoren haben dieses Buch nach bestem Wissen und Gewissen erarbeitet. Alle Rezepte, Tips und Ratschläge sind mit Sorgfalt ausgewählt und geprüft. Eine Haftung des Verlages und seiner Beauftragten für alle erdenklichen Schäden an Personen, Sach- und Vermögensgegenständen ist ausgeschlossen.

Printed in Germany

ISBN 3-89604-245-9